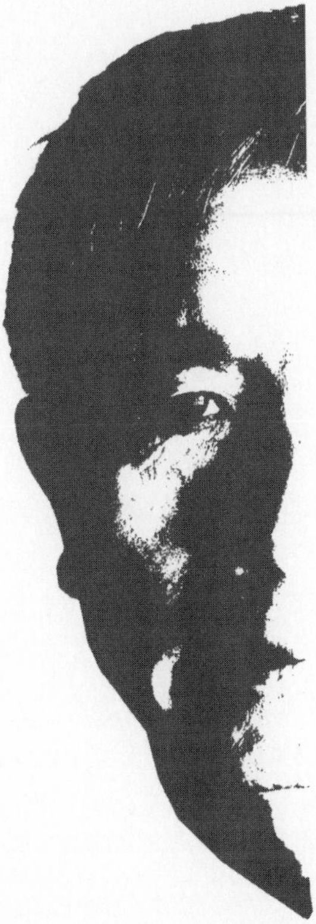

走出魘夢

曲潤蕃 著

走不出來的夢魘

〔序一〕陳永發（中央研究院院士）

好書先睹為快。封德屏女士以為我研究中共歷史，讓我先讀了曲潤蕃先生的《走出魘夢》。雖然有幸先睹，但再次面對中共土地革命的殘酷無情和血腥暴力，仍讓我久久難以釋懷。尤其想到當年毛澤東把地主階級說成十惡不赦，是阻礙中國進步的罪魁禍首，號召農民起來打倒，重新分配其土地和財產。但是到一九七六年毛澤東逝世時，農民在單純化到只剩下工農階級和官僚階層的新中國，不僅沒有集體翻身致富，反而成為國家據以汲取工業建設所需人力和資金的主要來源，像歐洲中古時代的農奴一樣，仍身處於社會底層，連亞、非、拉三洲落後國家的窮困農民，相比之下，也不會自慚形穢；到一九八〇年代，鄧小平告別毛澤東的階級革命後，他們更成為中共資本主義補課的廉價勞工主要來源，到本世紀之初，他們竟然再次像中古農奴一樣，成為官府和資本家圈地的對象，一度被大量驅離農村，擁入歧視他們的城市，以打工糊口維生。中共這趟土地革命，想起來，真夠諷刺。

一九五〇年代，毛澤東號召階級鬥爭，曾動員作家和其他文藝工作人士，以「社會主義寫實主義」的手法，描寫地主階級的罪惡，所以現在三十歲以上七十歲以下、吃毛澤東奶水長大的中國大陸人民，幾乎無人不知，四川大邑有位大地主，叫劉文彩，田連阡陌，過極其奢華腐化的生活，好吃人乳，家裡特別豢養女人餵他奶水，收起租來，大斗進，且百般挑剔，尤其不容滯納，稍有不懌，便要狗腿子拳打腳踢，甚至私設水牢，有如冥府地獄再現。不過有位筆名笑蜀的四川知識分子，在毛澤東死後，告訴我們這些壓迫和剝削，全是極度誇張或鄉壁虛構出來的宣傳。然而就是防止這個劉文彩所象徵的地主階級死灰復燃，竟然鼓動了禍及至少一億人口的文化大革命，在更早的土地革命期間，中共已經以類似的宣傳，號召千百萬農民起來推倒地主階級這座據說壓在他們身上的大山，殺、關、管了約兩百萬地主，並將其子女家屬打入戶籍另冊，成為任人隨時可以斥責和辱罵的政治賤民。

曲潤蕃不研究歷史，儘管在電機專業已卓有聲譽，但從山東原鄉到台灣新家的記憶，卻像夢魘一樣，總不時壓迫大腦。嚙蝕其心靈深處的不是逃難途中的飢餓、疲累、冷熱、風霜、病痛，而是土地革命帶來的創痛、驚懼、恐慌和癱瘓感。曲潤蕃出身於已開始沒落的地主家庭，父親知道自食其力，對前來成立農村政權的中共抗日游擊隊頗有好感，享受了短暫安定的生活。但是一九四六年中共掀起土地革命，不僅地主本人遭到暴力鬥爭，連其家庭成員的老弱婦孺，也都被掃地出門。曲潤蕃六、七歲，便隨著養育他的兩個婆婆和母親四處流浪，每天目睹長輩被綑綁、鬥爭、辱罵、吊打，而他也只能靠乞討施捨，為活著而活著。他父親這個原已接受中共統治的地主之子，在土地革命的逼迫下，終於走上反共逃難的不歸之路，千辛萬苦從膠東農村逃到青島海港，再避秦至海南，最後在台灣苗栗安家落戶。曲潤蕃母親是傳統型的賢妻良母，吃盡苦頭，好不容易全家終於生活安定，兒子進入大學，卻因為擺脫不了土地革命時為照顧待哺子女被迫改嫁的心理創傷，走上自殺絕路。曲潤蕃深受刺激，懷念深受傳統道德浸潤的母親，認為寫下他和媽媽共同經歷的土地革命和萬里漂泊，可以幫他擺脫自己的夢魘，所以決定提早退休，提筆回憶成長過程。

文學評論大家王鼎鈞說，五十年代的台灣號稱反共，卻始終不見感動人心的反共文學。年輕時候在美國讀書，讀過一些中國大陸作家的作品，也訝異中國大陸在翻天覆地的土地革命之後，何以不曾產生反映時代的優秀創作。丁玲的《太陽照在桑乾河上》和周立波的《暴風驟雨》，是當時最受中共推崇的兩本關於土地革命的小說，時間太久，依稀只記得其中人物都像戴著臉譜一樣，刻板乏味。丁玲筆下的人物，除富農女兒的黑妞以外，其他人早就忘光；周立波小說中的主人翁，更是一點都記不得。後來聽史學界的大陸朋友說明，才知道這個周立波就是毛澤東時代有文藝沙皇之稱周揚的弟弟，他小說中的地主現在證明都不是真正的地主，只是比較富裕的農民而已。我讀書不多，也想不出中國大陸關於中共的土地革命，到底另外出過什麼更好的作品。曲潤蕃無意批判中共，也不想對反共文學有所貢獻，他只是被土地革命的噩夢壓得透不過氣來，想不出在以文字捕捉令其有椎心之痛的經歷以外，尚有什麼其他禳解之道，於是凝視全家被連根拔起以及其後顛沛流離的記憶，寫成這本小書。他的文字乾淨俐落，無半點反共的陳腔濫調，不愧為電機系散文名家陳之藩的入室弟子。倘若王鼎鈞有機會看到本書，我想他會同意我的判斷，這是見證中共土地革命極好的寫實文學。是為序。

〔序二〕童元方（東海大學外文系教授兼文學院院長）

乍見翻疑夢

曲潤蕃是這本《走出魔夢》的作者，他是先夫陳之藩先生在美國休士頓大學執教時的得意門生。多年前我在波士頓見到他時，他已是惠普公司實驗室的傑出工程師。陳先生說到潤蕃時，除了誇他聰明之外，對他沒有完全專注於研究工作，總透著點遺憾，認為他的原創能力遠超乎他在惠普的成就。我總笑他說幹嘛非要人人都去做研究不可。後來我跟陳先生在賭城結婚，他竟做了老師的伴郎。我們去加州看他們夫婦時，曾鬧著一起包山東大水餃來吃，哪知他包得又快又好，一人包辦了。

陳先生過世不久，潤蕃說他打算要退休了，因為有一本書要寫，這書若寫了，陳先生會非常高興。我說，「那你趕快寫罷。」雖然我完全不知道他要寫的是怎麼樣的一本書。後來我離港返台，行色匆匆，沒有來得及告訴潤蕃，兩年後突然接到他打到東海大學的電話，才知他回台探視弟妹，又打聽到我已離港，於是返美前寄了新寫的書稿給我。

沒想到這書稿拿起來就放不下了，憋著一口氣一直看到天亮。認識潤蕃少說也有三十年了，但怎麼都想像不到幾十年來他心中竟埋藏著不忍回想的過去，也許陳先生略知一二，但從未轉述過他的心事。所以我讀此書，是在驚訝裡開始，在震撼中結束。

潤蕃開宗明義說這本書寫的是三個女人的故事，這三個女人是他的二婆婆、婆婆與媽媽。二婆婆是潤蕃爺爺的二嫂，與婆婆二人在中共土地革命清算鬥爭時先後被活生生地打死。第一人稱的敘述回到他的童年，從第三章開始到全書結束，則聚焦在第三個女人，也就是潤蕃母親的一生。這三個女人的故事纏繞在潤蕃的靈魂深處，糾結在他的腦海。從大陸到台灣，再從台灣到美國，如影隨形，成一永遠醒不過來的夢魘。這個夢魘是他個人的回憶錄，而在挖掘回憶的過程中，他重建一幕幕令人腸斷的場景。

在二婆婆、婆婆死於非命之後，潤蕃從他的老家山東牟平縣城南四十里的韓家夼，寫到投奔的煙台，再到搭船去的青島，暫留的靈山島，最後在大風大雨中到了基隆。在這十二章的敘述裡，潤蕃的筆彷彿浸著淚，百般憐惜地看著他的母親在倉惶中對付排山倒海而來的難題。因為罩著一層回憶的薄霧，哀傷的調子有了淡淡的朦朧；或者是不堪回首的細節，或者是莽莽歲月的淘洗，敘事上偶爾顯出斷裂的痕跡。但我在閱讀的過程中，總是因意想不到的轉折而膽戰心驚。身為女子，設身處地對照前代女性的處境，風起雲湧，很難不興感慨，許多情節於我甚至是痛徹心扉。第一件事是生於一九二一年的潤蕃母親，纏纏放放了幾年腳才鬆開，而我母親生於一九一七年，居然逃過了裹腳的命運。不知半大腳的女子，是如何牽著稚齡的兒女在雲草蒼茫的鄉間跋山涉水地逃亡的。

第二件事關乎女童教育。潤蕃母親因是左撇子，說是誤信用左手在學校會挨打，嚇得不敢去上學，因而錯過了問學、讀書和寫字的機會，成為她終身的遺憾。雖說是誤信，我相信當年民智未開，絕對發生過這樣的事。之藩先生也是左撇子，但他用右手寫字，所以我並不知道。直到一次偶然坐在他左邊吃飯，老是撞到他，才注意到除了寫字，所有的事他都用左手。為了用右手寫字，不知挨了他父親多少打。我們對所謂不同的人，一律視為不正常，這是多麼粗暴啊！

第三件則更令人心痛了，是潤蕃平靜地寫下自己母親為了不讓子女遭活埋而情願被逼改嫁，後來還懷了別人的孩子。這麼曲折的段落，潤蕃只是幾筆白描。父母重逢時，母親挺著大肚子，父親不自覺地皺了眉頭；爺爺對母親說，孩子不一定要送人，曲家可以當自己的養；有熱心的老太太，為尚未出生的孩子找一個好人家；母親生下了孩子，是個兒子，但母親不要看；孩子送走時，潤蕃記得他紅彤彤、胖嘟嘟的小臉；幾十年來，他在心裡為他祈禱，祝他平安幸福。亂世人情，我們看到了無奈，也看到了寬容。〈不要看〉這一章，在我的心裡低迴往復許久。

全書共三十一章，第十五章記載了潤蕃一家經台灣到海南島暫住，第十六章則是從海南島再回到台灣。前一半的主軸是逃難，後一半就是在台重新建立一個家。

從海南島到台灣，是軍隊移防，不是撤退，在新的土地上適應新的環境，仍然艱苦，但調子已是拓荒，不再是逃生了。潤蕃從小學到初中，到高中，到大學，他寫苗栗，寫新竹，主要是民國四十年到五十年這一個十年，但依舊是亂離人生。不論悲欣，日子總是往下過，而在後面頂著房樑不倒的是母親，僅為全家吃飽就耗盡了心神。然而在潤蕃的教育上，她取法乎上，她的眼光成就了他的人生，而在從大陸到台灣，從流亡到定居的這一段旅程中，母親幾次面臨重大的抉擇。在生死存亡關頭，她永遠選擇與子女同在，任憑個人的屈辱變成了永恆的傷痛。在不可扭轉的命運底下，她畢竟沒有放過自己，為夢魘的網罟所糾纏，在一九六三年上吊身亡。我們也許可以說，這位母親所承受的，超過了一般人所能承受的，願這份情操能對人性的黑暗稍作救贖，只是以一弱女子而擔如此之重負，讀這位母親的故事，常因忍不住而潸然淚下。

想起陳先生吃飯特別快，而我特別慢，如果吃飯還講話，就更慢了。陳先生總是說：「不是你慢，是我快，你慢慢吃，別噎著了。」之後，總是再加一句：「除了曲潤蕃，沒人更快。」尋常言語，跟陳先生一起生活之後，忽然有了不同的意義——他吃得快，是曾經長期處在飢餓的狀態。這發現使我心痛得不得了，千山萬水，現在更明白了潤蕃所慘然經歷的，他母親所拚命維護的，只不過是人的基本生存權利而已。這也許是潤蕃在休士頓大學讀書時，與陳先生在師生之情外，另外建立起的一種特殊情分。

流亡的過程中，不論是在等船，還是到了港口卻不准上岸，任由風吹雨打的凌虐，潤蕃在書中一一呈現。我又想起在波士頓時，與陳先生在地鐵紅線的轉車大站——公園街站，換乘綠線。綠線有四條支線，但是在同一站頭等車。我問陳先生：「我們去哪裡？」他說：「看什麼車來再決定。如果E車先來，我們去美術館；如果C車先來，我們去看電影。」當時覺得真是浪漫極了，日後卻悟出是逃難的旅程在他身上烙下的傷痕，不管目的地，有車即上，抗戰時陳先生就是如此逃到大後方的。

二戰結束之後，有多少人來不及復員還鄉？有多少人還鄉之後，又再流亡？又有多少人一直在淪陷區，後來又落入中共的手裡？我母親在大陸懷的我，大著肚子在海上顛簸了多少日夜，才在南台灣把我生下。至於爸媽怎麼從南京到廣州，再在基隆下船，最後在屏東住了下來，所有的細節我都不知道，他們在原鄉的點滴，也許就是幾張黑白老照片，以及一口陳舊的樟木箱。

潤蕃比我只大八歲，但我一落地即屬太平世代，一方水土養一方人，我十五歲以前都在屏東：屏東醫院、勝利托兒所、中正國校、屏東女中。雖然學校集體打蛔蟲、治砂眼、清頭蝨，但生命都在穩定的狀態，不像潤蕃斷手、又得瘧疾。這些我都不知道，不知道就好像這些事都不曾存在過。我是在他的一字一句間，彷彿電影的鏡頭掃過，而親眼目睹了一個兒童幾次在生死線上的掙扎。所有的拼圖碎片加起來反映了一個大時代的悲劇，潤蕃所寫雖然只是其中一小塊圖片，但是多少補上了我出生前的一段歷史。

不知道為什麼，我比過去更常想起已在天上的父母，想起陳先生。我跟他們說話，複習他們人生裡的顛沛與流離。淚在眼眶裡蓄著，心中卻翻滾如浪花。深夜的東海校園，寂然無聲。昏黃的燈下，我想著他們。思念如流水，有時是溪澗，有時是江河，最後總化成大海。思念的潮水上漲，漫開，我的心越發溫柔起來。對此人間世，因為理解而更加悲憫。

潤蕃的母親沒有走出那個夢魘，我感同身受，在字裡行間靜靜陪著走過了這一段旅程。孝順的潤蕃亦在夢魘纏身下赴美留學，繼而成家立業。這血淚，六十多年後，一滴滴從他的心、他的筆滴下，凝結出這本書。潤蕃，你已為自己的手足以及下一代開展了可以自由生長的空間，在新世紀裡做著新的夢，而眼前之夢的甜美轉換了昔日的憂傷。你二婆婆的、婆婆的、母親的悽愴悲涼業已化成文字，留下了永遠的紀錄。他們在困境中的勇敢，因你的愛而寫入了家族史。江海一別，幾度山川，如今，我可以想見你每天清晨在鳥鳴聲中醒來，沐浴在加州的陽光裡。好風好水，陰影終究是散去了。

二〇一五年十一月十二日於東海

歷史是不能磨滅的

〔序三〕張系國（作家、美國匹茲堡大學教授）

曲潤蕃是我台大電機系的同班同學。台大電機系的同學大多數來自台北，尤其以建國中學和師大附中居多。新竹中學只有三位，就是劉友正、曲潤蕃和我。雖然我們是中學同學，但因為不同班，所以在竹中念書時並不熟。印象裡曲潤蕃是勤勉認真的好學生。我只知道他是在新竹眷村長大的眷村子弟，但是對他的家世並不清楚。

一直到半年前他寄這本書的自印本給我，仔細讀後，十分震動，就推薦給文訊雜誌社的封德屏總編輯，看她是否願意出版。後來潤蕃告訴我，他弟弟親自拿著書去見封總編輯，她也同意了。潤蕃很高興，請我寫序推薦。

國共鬥爭的血淚歷史，現在已經逐漸為世人遺忘。如果只看大陸拍的國共鬥爭連續劇，還以為國民黨都是穿長筒馬靴的小丑型人物。反過來說，如果只讀台灣的報紙雜誌，還以為國民黨都是隨時準備責台的一群沒有風骨的老傢伙。至於那些真正在國共鬥爭中犧牲的小人物，卻沒有人記得他們。

潤蕃這本書仔細敘述中共土地革命時他家族的遭遇。他的婆婆、二婆婆和母親，或者被打死被殺害、或者被迫改嫁痛苦一生，真是字字血淚。不僅他的家族如此，其他被中共迫害的人何止成千上萬。其中一個真實故事，是一位老先生因為妻子早逝，辛苦把一對兒女拉拔長大，因為私下批評共產黨幾句被人聽見，幹部竟要他的兒女將他活埋，他不得不用鋤頭親手把兒女打死。這樣悲慘的故事，不知還有多少！

逃離家鄉四十七年後，潤蕃回到山東老家韓家夼，回到「婆婆最後被殺害倒下去的那塊水邊的沙地，上香、燒紙、灑酒、叩頭，祈禱婆婆有靈能看到，她的孫子從萬里外回來祭悼她」，心中的沉痛不言而喻。潤蕃的這本書和類似的書，說明歷史是不能磨滅的。只有記得痛苦的過去，人才能有平靜的未來。

孕育共產黨的時代的確存在貧富不均的嚴重社會問題。共產黨原本有著動人的理想，可是均富的烏托邦反而變成人類的魘夢。想不到人類進入二十一世紀，科技的進步不但沒有解決貧富不均，更尖銳的貧富不均現象所帶來的社會問題反而更加嚴重！這意味著左派還有再興的機會。希望下次左派再起時，人類能記取過去痛苦的教訓，創造和平的未來新世界。但人性的本質預言悲劇的一再重演似乎無可避免，這也是人類的宿命。

二〇一五年三月十二日

〔自序〕

過去的就讓它過去吧！

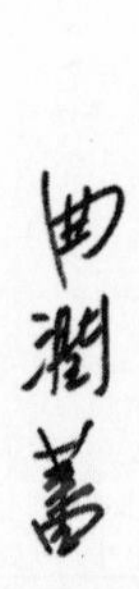

這是我家的故事，二婆婆、婆婆和我的母親——三個女人的故事，一件發生在五、六十年前的悲劇，持續到現在，我還在滴血的痛傷。

自從來美國留學和定居後，每次我回台灣，都會順道去看望我在那裡的親戚和從前一起逃難的老鄰居，長輩們看到了我，他們的第一句話總是：「你媽真沒有福氣，沒能看到你今天！」早些年，我也總是忍不住在他們面前哭一場。隨著歲月的變遷，這些老人一個個地凋零了，我心想要是不寫下來，等他們都走了，就再也沒有人知道二婆婆、婆婆和我的母親了。

我開始寫是在二〇〇一年的四、五月，那時父親已是癌症末期，住在台北的振興醫院裡，我睡在他的病榻旁陪伴他。送走了父親後，我斷斷續續地寫，一晃眼就過了十年。二〇一二年六月，我的第一個孫子出生，我興奮地把小孫子抱在懷裡，想到七十一年前我出生的時候，二婆婆和婆婆也一定同樣興奮地抱著我，我當下決定辭去我的工作，在家專心地把故事寫完。

在書寫的過程中，我的老師陳之藩教授，我在惠普實驗室的同事夏曉巒、李七根、李孟、潘益宗、郭惠沛、張彤、羅平諸鴻儒，我的老朋友柯乃南夫婦、盧澄乾和周世弘兩位先生，以及台灣中央大學的張立杰教授夫婦，看了我部分的手稿，給了我許多寶貴的建議和鼓勵，使我有了更多的決心和勇氣寫下去，我在這裡向他們致謝。

督促我最力的是我的小弟曲清蕃，他仔細閱讀了我的每一篇手稿，流了很多的眼淚，最後包辦了所有的校對和出版事宜。沒有他，這本書無法出版。想到母親去世的時候，他才一歲零兩個月，母親最放心不下的是他。母親過世後，父親沒有再娶，一個人把他撫養大。他大學畢業後，去美國修得博士學位，回台灣創業陪伴父親，現在有很好的事業。他真是我們家的驕傲，也該是母親最想看，而沒能看到的。

最後我要感謝我的老伴袁英，她免除了我所有分擔家事的義務，給了我一個安靜舒適的環境，讓我定下心把這本書寫完。想想結婚四十多年來，她盡心盡力地幫我照顧我那個歷經滄桑破碎的家，沒有半句怨言。父親生前，他的許多朋友都說他有個好兒子，父親說，不對，他有個好媳婦，好兒子多得是，好媳婦才難得。這些年都虧了她，我們家才能擺脫貧困重新站了起來，對她我有無限的虧欠和感激。

在結束這篇序文之前，我要向在「土地革命」中被屠殺的幾百萬，以及不計其數被迫害的「地主」家屬們致哀，他們很少人能像我這麼幸運：我的母親，帶著我逃了出來；也要向當年與我父親併肩作戰的老兵叔叔伯伯們和他們的後人致敬，他們的犧牲保住了台灣，讓我活了下來。

故事寫完了，我要祭告我二婆婆、婆婆和我的母親。我想對她們說：算了！過去的就讓它過去吧！不算了，我們又能怎麼樣呢？不要再折磨自己了！讓我們陰陽兩界的人都安息吧！尚饗。

二〇一四年六月二十日午夜

目次

【家族親屬一覽表】

◆韓家夼

- 曾祖父慶利
- 曾祖母（下雨村孫家）
  - 大爺綿吉
  - 大婆婆
    - 延桂大伯父
    - 延桂大媽
      - 鴻蕃哥（勤子）
      - 汶蕃哥
    - 三姑（姑父北辛峪祝煥業）
    - 小姑
  - 二爺綿喆
  - 二婆婆（要節孔家）
  - 爺爺綿喜
  - 婆婆（北辛峪祝家）
    - 大伯父延楓
    - 大媽
      - 金蕃姊（珠姊）
    - 小大媽
    - 父親延樹
    - 母親
      - 作者 潤蕃
      - 妹妹 玉民
      - 大弟 溫蕃
      - 小弟 清蕃
    - 三叔延椿
    - 三嬸
    - 四叔延枝

四嬸
五叔延彬
二曾祖父慶科　三爺綿壽　延梅大伯父　明蕃哥
二曾祖母　三婆婆　延梅大媽
三姑
小姑

本家　綿海爺　延昇叔（綿海爺與爺爺同一曾祖父）
綿海婆婆
本家　綿林爺　延京叔

◆下雨村

外曾祖父　大姥爺（外公哥哥）　舅舅孫文亭
姥爺（外公）　大姨（大姨父下潘格庄）
姥姥（外婆）　母親
小姨
小姥姥　大舅

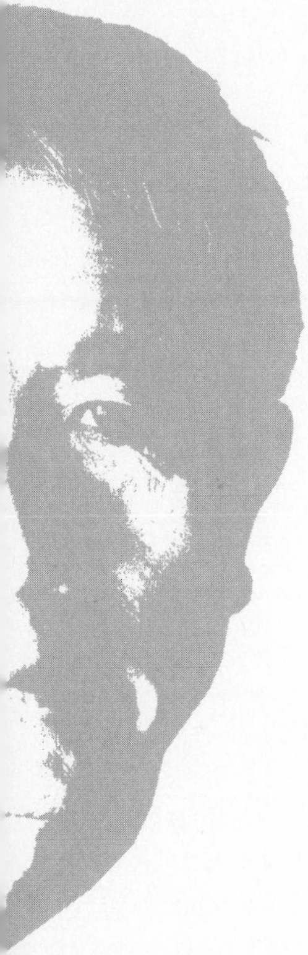

1

二婆婆

二婆婆是我爺爺的二嫂，娘家姓孔，清光緒十四年（西元一八八八年）出生於離我家二十里，一個叫要節的農村裡。小時候父母早逝，由她哥哥（我叫舅姥爺）撫養長大。是憑媒妁之言，舅姥爺作主，和我二爺訂的親。

我二爺身體一直不好。他在幼兒的時候曾從我曾祖母的梳妝台上摔下來，跌傷了脊椎骨。鄉下醫藥貧乏沒能治好，跌彎了的腰再也沒能直起來。由於背上的傷，二爺沒法正常地發育，比起高頭大馬的爺爺和大爺來得矮了一大截，隨著年歲的增長，傴僂的背越長越凸，整個人外表看起來像是背了一個沉重的背包，把腰給壓彎了。背地裡人家都叫他「鑼鍋」（駝子）。

曲、孔兩家原不認識。媒人去說媒的時候隱瞞了二爺身體上的缺陷。直到迎娶的花轎上了門，舅姥爺才發現二爺是個「鑼鍋」。據二婆婆後來說：那天她的家人正在內屋過道裡幫她做最後的整妝，準備上轎，突然看到舅姥爺臉色蒼白、腳步沉重地從前院接待新姑爺的客房走進來，以為他是被繁忙的婚禮累病了，問他要不要去請個大夫來看看。舅姥爺搖搖手說：「不要緊，只是一時不舒服，上炕躺躺就好了。」

二婆婆看到二爺的廬山真面目是在到了我們家，和二爺拜完天地，進入洞房，掀開蓋頭的那一剎那。她大哭大鬧，堅持要回娘家去。但是在那個時代，連未婚夫死了都得嫁過去，何況我二爺還好好的活著。家人好言勸她認命，因為像這樣的婚姻到處都是。

不只是娘家回不去，婚後的第三天，家裡無視於二婆婆的感受，仍然依俗謝媒，要她親自下廚擀麵條請媒人吃飯。麵條才擀了一半，二婆婆從廚房窗口瞧見了媒人大搖大擺，得意洋洋地走進內院裡來。一股按捺不住的怒火令她豁了出去，她拎了有如棒球棒般粗的擀麵杖衝出門去，朝著媒人劈頭就打。媒人在驚慌中幸運地閃了過去，再要打，家人擁上前去把擀麵杖奪了下來。要活下去，命不得不認，但這口不平的怨氣，二婆婆一輩子也沒能嚥下去。

往事還是得從頭說起，我家住在山東牟平縣城南四十里的韓家夼，夼音「匡（三聲）」，是山谷的意思。韓家夼的部分土地原是我家祖上出租的產業，幾代前先祖從老家遷來落了戶，把一部分土地收回來自己耕種。數代分割繼承的結果，到了我曾祖父的手裡，已經不再有多餘的土地可以出租。他像許多當地自耕農一樣，請幾個長工幫忙，自己帶著兒子、姪兒一起下田種地和上山放養家鄉特產，用來織府綢的柞蠶。

曾祖父這代兄弟二人，他是長兄，有三個兒子，我爺爺最小，大排行老四。曾祖父的弟弟英年早逝，只有一個兒子，大排行是老三，我叫他三爺。曾祖父當家的時候，我家兩代未曾分家，二十五、六口人共同生活在一起，各盡所能，各得所需，家人相處得非常融洽和睦，曾祖父深以為榮。可是到了民國十幾年（西元一九二〇年代），由於連年的戰亂，年頭變得很壞，農村裡有很多人窮得必須要靠借貸才能活下去，三爺心軟，總不忍心拒絕一些帶著妻小走投無路的人哭著求他作保。三爺一作保，家裡準得替人還錢。加上爺爺遭土匪綁票，花了五千大洋才贖了回來。日子愈來愈過不下去，曾祖父不得不下定決心分家。要分家，二爺的身體既無法勝任粗重的工作，二婆婆又未生育，沒有兒子可以幫著養蠶種地，往後如何獨立生活是個很大的難題。

在分家之前，二婆婆先回了一趟娘家與舅姥爺商量因應之策。家產剛一分完，二婆婆當著幾位請來主持分家尊長的面，雙膝跪在我爺爺的面前，要求分我爺爺的兒子。爺爺被這突如其來的動作嚇慌了，忙把二婆婆扶起來，說：「一切都依嫂嫂。」就這樣，剛分了的家，二爺和爺爺又合了起來。

合起來的家由二婆婆當家主內，爺爺主外。家裡大大小小的事情包括每日三餐吃些什麼，都由二婆婆作主。可是在戰亂的日子裡，這個家一點也不好當。

軍閥無盡的壓榨剛過不久，緊接著就是抗日戰爭。抗戰期間在我們家鄉出入的有日本軍隊、汪精衛的軍隊、兩幫游擊隊、再加上後來的八路軍（共產黨），個個都要我們繳糧納稅。為了應付同時多達五份的稅，山上收成的蠶繭和田裡割的麥子幾乎全部賣光，自家只能吃些剩下的雜糧。記得早餐老吃煮地瓜和包穀粉（玉米粉）做的餅，中午小米乾飯，晚上張豆粉擀的麵條。張豆通常和包穀種在一起，是雜糧中的大宗，用它磨成粉擀的麵，有一種特殊的口感和味道，吃久了很是膩人。只有家裡來了客人或是逢年過節，才能吃到用麥子磨成白麵粉做的餃子、包子、麵條或饅頭。吃的菜都是自己園裡種的。別說要花錢買的魚和肉很難得一見，就連炒菜時用的油都捨不得多放。

我是家裡的長孫。出生的那天正值三叔娶三嬸，不但在遠地的家人全部都回來了，賀客更是盈門，二爺給我取了個乳名叫「滿家」，二婆婆極為開心。那年我母親只有二十歲，沒有多少育嬰的經驗，很多事情都要靠二婆婆幫忙。兩年後妹妹出生了，母親同時照顧不過來兩個孩子，二婆婆接過撫育我的大部分工作：她摟著我睡，餵我吃東西。稍長，教我認字，特許我跟她和爺爺以及家裡的大男人們坐在一個飯桌上吃飯，除了爺爺誰也不許動的小鍋菜，她會挾一大筷子放在我的碗裡。

村子裡有個小雜貨舖兼賣西藥。藥只有兩種：「三道寧打蛔蟲，鷓鴣菜治頭痛」。這些藥治不了大病，但吃多了也不會有什麼大礙。有時我在家裡實在悶慌了，想到街上去透透氣，就喊肚子痛或頭痛，二婆婆聽到了準會帶我出門去雜貨舖裡買藥。除了買藥還會買糖。鄉下人不刷牙，糖吃多了，我滿口都是蛀牙。

二婆婆常常叮嚀我，讓我長大了一定要像我大伯父和我外祖父那樣出外去做買賣，掙很多錢，為她爭口氣！每次我都說：「好！」有天晚飯後全家坐在一起聊天，二婆婆想炫耀一下她調教的寶貝孫子，問我：「你長大了要做買賣，要教書，還是看夥（替人家做長工）？」原先答應她要出外做買賣，掙很多錢，為她爭口氣的話早忘得一乾二淨了。我把「看夥」聽成「看河」，心想大概就是像爺爺那樣在河邊散步吧！回答說：「看夥。」除了二婆婆，全家人都笑得東倒西歪。

母親說二爺的手很巧，能做一手好菜。可是打從我有記憶起，二爺就病了，連話都很少聽他說，別說做菜了。晚飯後家人習慣到二婆婆房裡去聊天，他總是拉我一起坐在炕的盡頭裡，吧噠、吧噠地抽菸，默默地聽家人說話。抽完了，他敲出菸斗裡的菸渣，讓我重新替他裝滿乾菸末，點燃了再抽。天氣好的時候會吩咐我母親為我洗洗臉，換件乾淨的衣服，他帶我到胡同口，坐在大石椅子上晒太陽。遇到有賣糖葫蘆的經過，買串糖葫蘆給我。

為了抗日，我們家曾給予家鄉的游擊隊全力的支持，可是到後來其組成的分子良莠不齊，有些是殘餘的軍閥和地方上的不良分子，他們以抗日為名欺壓鄉民，造成很深的民怨。例如：他們路過村裡總要全村供應他們免費的午飯和晚餐。那個時候在貧窮的農村裡，大多數的家庭終年靠地瓜、地瓜乾、鹹蘿蔔和野菜果腹，而他們卻非得要吃白麵粉擀的打滷麵，或是白麵粉烙的油餅配上用油炒的菜，村人敢怒而不敢言，慣叫他們「油餅麵條隊」。如果他們冬天晚上在村子裡住下來，他們一定要村民提供熱炕頭，同時還要鋪的褥子和蓋的被。當時有句順口溜：「游擊隊吃飽睡，又要褥子又要被。」唯有後來的八路軍到了村裡，村人吃什麼他們吃什麼，連包穀粥和窩窩頭都一樣吃得香甜；冬天照樣睡在冰冷的空房子裡。他們清晨起來替街坊掃街，傍晚替街坊挑水，向街坊借了東西準時歸還，用壞了買個新的賠償。對街坊裡的人開口叫大哥、大嫂，閉口稱大媽、大爺，表現得是那麼樣的親切和有教養，相形之下令人耳目一新。二婆婆和爺爺認為這才是王師，不只是打心裡喜歡和擁護他們，對於未來更寄予極大的期望。

長達八年的抗戰終於結束了。日本人被遣返了，汪精衛政權垮了，游擊隊解散了，只剩下了八路軍。鄉人歡欣鼓舞、士氣高昂，對於未來抱著無比的信心和希望，連我也跟著年輕人高唱：「起來！起來！起來！新中國的青年，建國的責任……」

不料八路軍推行的新政策卻是階級鬥爭、窮人翻身。一批目不識丁、游手好閒的窮無賴，搖身一變當上了大權在握的村幹部，把村裡少數幾家僅夠溫飽的自耕農劃成了地主和富農，對他們展開了無情的清算和鬥爭。我們家自然是首當其衝。二婆婆和爺爺十分的無奈，認為這是劫數未盡，不相信這種無知和蠻幹會成得了大氣候。

二爺在民國三十五年（西元一九四六年）去世，那時候我們家已經被鬥爭過了。許多親戚、朋友都勸爺爺不要舖張，省得村裡幹部看了心裡不舒服找麻煩。為了表達對二爺和二婆婆的感激，爺爺還是買了上等的木料，請木匠來家替二爺做棺材。大伯父、父親、三個叔叔還有我都披麻帶孝，行兒、孫之禮，風風光光地把他葬在祖墳裡。

村幹部對我家一波接一波的鬥爭在二爺過世後變本加厲。最先索取的還限於土地、牲畜和糧食，後來連家裡的家具和衣服也被抬去分了。一向在二婆婆羽翼下備受呵護的我，也開始感覺到周圍氣氛有些不對了。二婆婆的衣櫃被抬走後露出了一大片灰黑色的牆，整個房間裡顯得空蕩和破舊，晚上我一個人不敢先進去睡。家裡剩下唯一的一隻老母羊生了一隻可愛的小羊，二婆婆送給我作玩伴。小羊還沒有斷奶，老母羊就被拖去殺了。小羊不肯吃我餵牠的草，到處叫著找媽媽，我跟小羊一樣的哀傷和無助。沒過幾天又有人來牽小羊，二婆婆緊緊地拉住我的手說：「他們是來接小羊去找牠媽媽的。」我知道那是騙我的，但又能奈何？眼睜睜地看著他們把我的玩伴帶走了。

幹部說爺爺有落伍的封建思想，不讓我們家的孩子和村子裡其他家的孩子在一起玩。二婆婆叫我父親敞開大門，拿掉門檻，放我上街去找街坊鄰居家的孩子們一起玩。為了討好新的玩伴，我向他們說我家已經被鬥窮了，我現在跟他們一樣，不再是財主家的孩子了。這無心的童言被一個鄰居十來歲的半大女孩聽見了，向村幹部打了報告。爺爺和父親被叫去訓斥了一頓，幹部對他們狠狠地罵道：「你這家頑固的東西，連五歲的毛孩子都知道被鬥窮了，斬草一定要除根！」

報上說西邊在殺地主。爺爺又因為曾當過村長被劃成了「惡霸」，綁去縣城裡和其他的「惡霸」們一起戴上紙糊的高帽子遊街。眼看著刀就要砍到脖子上來了，家裡不得不開始疏散，爺爺去了屬於國民政府控制區的青島，大伯父和三叔把他們自己的家眷接到他們工作的大城市裡去，連剛過門的四嬸也回了娘家避風頭。二婆婆教剩下來的人不要怕，我們從來不與任何人結怨，不相信會有人要殺我們。

春來了，村西頭的小河西北溝兩岸的柳樹發了芽，大地從寒冬中甦醒，我們家的處境卻更加險惡了。八路軍派到鄉下跑工作的共產黨員三天兩頭到村子裡來，要村民和地主們劃清界限，不要拉私人感情，清算鬥爭一定要積極、一定要進步、一定要流血。村幹部幾乎每天晚上都在開會商討下一步要如何鬥爭我們。好心的街坊常為我們通風報信，帶來的消息總是一次比一次的壞，整個家都籠罩在大難臨頭，令人坐立不安的恐怖氣氛裡。二婆婆和家人經常愁得吃不下飯，只有我尚不懂事，不斷央求二婆婆帶我去西北溝採柳枝，幫我抽出中間的柳條，把剩下的皮管子做笛子吹。越過西北溝就是我家的祖墳，每次去，二婆婆總要坐在二爺的墳前哭一陣，有時哭久了，我等得不耐煩，回家把我母親拉來把她勸回去。

有街坊先偷偷來告訴說，我們要被掃地出門了。在掃地出門的那天，天氣很暖和，一大早母親把我叫醒，逼我穿了好幾件厚衣服，熱得我要命。婆婆揉了塊麵，要烙餅。餅還沒來得及烙，幹部就來了，先搜每一個人的身，從二婆婆的上衣口袋裡搜走了一包毒老鼠的藥，然後趕我們到街上去，在我們的背後把大門關起來，貼上了封條。

隔壁大爺家由於十四歲的大孫子剛提前參了軍，沒有跟我們一起被掃地出門。婆婆去敲他們家的門，要借他們的鍋烙餅，大爺的媳婦延桂大媽有如驚弓之鳥，深怕會因此得罪了幹部惹禍上身而拒絕。全家去了南街，婆婆先借了在南街一家街坊的鍋把餅烙好。然後全家走到南街的廣場上，在那裡把餅分著吃了。那廣場原是先祖劃給佃農們自家種菜的菜園區，現在成了過往行人和乞丐落腳的地方。那天同時被掃地出門的還有三爺家以及本家綿海爺一家。天黑了，幹部才允許我們三家住進一棟原先我們家放糧食的倉庫裡。糧食早被鬥爭光了，只剩下幾張高粱稈編的蓆。父親把蓆鋪在地上，要我們躺在上面休息。沒有晚飯，沒有燈，四周漆黑一片。沒多久聽到外頭有幹部高喊：「鑼鍋和曲綿喜（我爺爺）他老婆滾出來！」二婆婆和婆婆被帶走了。

再等到二婆婆的消息，天都濛濛亮了。幹部來告訴父親說二婆婆不小心跌到河裡了，要他去把她帶回來。父親跟著他們走到一間空房子裡，一看，二婆婆直挺挺地躺在地上，已經被打死了。冷水沒能把她沖醒，全身都泡在水裡，嘴裡塞滿了棉花。父親和叔叔把她抬回來，用我們鋪在地上的高粱稈蓆把她裹了裹，埋在當時仍然還是我們的祖墳裡。母親用手摀住我的嘴，不許我哭出聲。

時為民國三十六年（西元一九四七年）的夏天，二婆婆五十九歲。

2

婆婆

我婆婆生於清光緒十七年（西元一八九一年），比我爺爺大五歲，娘家祖上在清朝做過官，是我們地方上的望族，二十三歲嫁到我們這個尋常百姓家裡來。她一生中總共生了五個兒子，娶了四房媳婦，但始終沒有熬成真正的「婆」，因為我們家一直是由她的二嫂（我二婆婆）當家作主。

在我的記憶裡，婆婆一天到晚都在默默地勤奮工作，不管輪到哪個媳婦做飯，都是她在幫忙燒火。許多不全該她做的事，只要她一經手，久而久之就變成了她一個人的份內工作，從來沒聽她抱怨過。就如我們一大家子人吃的各色各樣的麵粉，幾乎全靠她一個人去磨。打回來的麥子她先淘洗乾淨，洗乾淨了再晒乾，晒乾了上磨磨成粉。磨完了麥子磨包穀，磨完了包穀磨豆子，磨完了豆子磨高粱，不停地在磨。我現在閉上眼還能清晰地看到，在我家的磨坊裡，被眼罩搗住了眼睛的大毛驢，拖著沉重的石磨，一步步艱辛地繞著磨盤轉著走，婆婆用毛巾把嘴和鼻子遮起來，一邊不斷地往磨眼裡添麥子，一邊把磨下來的粉用很細的篩子（婆婆說那不叫「篩子」叫「籮」），將細的麵和粗的麩分開來。

秋天地瓜收成後，婆婆去田裡把它刨成片，晒在地面上，等地瓜片晒乾了再收回倉庫裡收藏。有時候二婆婆和母親帶我跟婆婆一塊去。家鄉的秋天，天高氣爽，藍藍的天空有幾抹白雲，時而成群的大雁排成「人」字形的隊伍，嘎嘎地從頭頂上向南飛去；我也有如脫韁的小馬在廣闊的田野裡奔騰，那是我童年裡最美好的一刻。

在那個戰亂的時代裡，百業蕭條，加上各式各樣的捐稅名目繁多，很少人不在饑餓的邊緣上掙扎，要能填飽肚子活下去真不是件容易的事。二婆婆當家，對家裡的日常開銷處處精打細算，但是對於外人的請求，卻保持著一貫的慷慨大方，就連那些上門求助的陌生人也不例外。婆婆更是菩薩心腸。記得城裡教堂裡的修女常到家裡來募糧食，婆婆總是熱情地跟她們話家常，拿給她們所要的東西，讓她們高高興興地回去。我對那兩位個子高大、白皮膚、藍眼睛、說話帶有濃重腔調的洋修女至今印象深刻。

跑江湖的賣藝人來到村子裡，對五歲多的我來說是件振奮人心的大事。我和街坊其他的孩子們一起跟隨著他穿街過巷，圍著他在大戶人家門前吹喇叭討糧食。那回他在前街一家財主門前吹完了喇叭，財主的家人出來給了他兩個地瓜，說年頭不好，只能給他這些，他欣然地接受。接著到了我家門前，我急忙跑回家裡去，家裡的人除了剛過門的四嬸全都到田裡去了，四嬸問我該給他些什麼，我說前街財主家給了他兩個地瓜，我們也給他兩個地瓜吧。四嬸拿了兩個地瓜給我，我拿到大門前學著前街財主的家人說：「年頭不好，只能給你這些。」出乎我意料的，他竟嫌少不肯收，他說我們家不能只給他這些。我愣在那裡，不知道該怎麼辦。這時候正巧婆婆和二婆婆從田裡走回來，解了我的圍，婆婆回家去拿了一大紮子地瓜給他。

最讓家人不以為然的是婆婆經常邀請那些上門討飯的人，登堂入室進到屋子裡頭來吃飯，家人屢屢向她提出抗議，但是婆婆始終不予理會，譬如，夏天裡天熱，前院大門靠街的過道裡通風而涼快，父親和家裡的長工們常在那裡吃午飯。等他們吃飽下了田，老是會有一批乞丐擁上門來，乞討剩下的菜飯，婆婆總是讓他們進到過道裡來，圍著飯桌坐下來吃飯，菜飯不夠再給他們添，吃飽了要他們趕緊走，深怕被爺爺回來撞見了又會不高興。

婆婆這樣一個誰都知道的大好人，卻在我們被掃地出門，一無所有的當天晚上，村幹部來到我們棲身的空倉庫裡把她和二婆婆一起帶走。夜裡他們一口咬定我們家仍藏有二十五個元寶，嚴刑逼迫二婆婆和婆婆把那些元寶交出來。任憑二婆婆和婆婆怎麼樣向他們解釋那傳說中的二十五個元寶根本不存在，他們都充耳不聞。他們把二婆婆活活地打死了，婆婆則在被打昏後，又被用冷水沖醒了過來。第二天的早晨他們才讓父親去把遍體鱗傷、濕淋淋的婆婆背了回來。

二十五個元寶的原由是發生在十幾、二十年前的一場誤會。那是在我曾祖父決定分家以後，他花了二十五個元寶新蓋了三份四合院，這樣連同原來的老宅子總共有四份房子，在家分了以後，他的三個兒子和一個姪兒可以各擁有一份，獨立起自己的門戶。在分家的時候，三爺查看帳目，一時疏忽把二十五個元寶的支出看成了收入，以為我曾祖父要把這批元寶留作自己的私房錢，引起了三爺的不悅和抗議，等三爺明白了真相也就一笑了之。不幸的是在當年貧窮的鄉下，二十五個元寶不是一個小數目，短少元寶的事像是往一向靜如止水的小農村裡投下了一塊大石頭，陣陣的漣漪很快地就擴散了開來，成了家喻戶曉的熱門新聞。許多不明底細的人繪聲繪影，以訛傳訛，越傳越離譜。有些人更想當然耳，認為在分家之後曾祖父和我爺爺及二爺住在一起，因此在曾祖父過世後一定把那些元寶遺留給了他們。這本來是市井傳說的無稽之談，真相早就大白了；卻在十幾、二十年後又被村幹部重新拿來作為欲加之罪的借口，要將我們趕盡殺絕。

被趕出來的第三天中午，村幹部准許我們跟同時被掃地出門的三爺家，以及本家綿海爺一家（綿海爺和我爺爺是同一位曾祖父），一起搬回原先三爺住的房子裡去。三爺的房子原是我們分家之前的舊宅，房子大，有很多個房間，三爺分了兩間給我們住下。村幹部在外面的大門上掛了一面鑼，任何人要走出大門必須先敲鑼，通知駐在對街的村幹部，接受他們的喝叱和盤問。

婆婆傷得很重，無法蹲下來，只得扶著牆半站著大小便，加上排泄的盡是血水，很容易把褲子弄髒。母親不敢拿出去洗。由於我還不到六歲，敲不到鑼，村幹部特別網開一面，讓我自由出入，於是母親要我把婆婆的髒褲子帶到村前的南河裡去洗。一條褲子我總要來回洗好幾次才能洗乾淨。有時候湊巧碰到本家或好心的街坊經過，她們冒著被村幹部碰見的危險，停下來幫我洗乾淨。

在打死了二婆婆及重傷了婆婆之後，村幹部的魔掌又伸向了父親，他們用同一個藉口，三番兩次地把我父親拖去嚴刑拷打，硬要父親交出那二十五個根本不存在的元寶來。

那天晚上父親又被拖去受了一夜的酷刑。他們把父親的大腿橫綁在一條長凳子上，然後抬起父親的腳，用力把膝蓋往上彎，在腳與凳子之間墊上磚塊。幹部在審問的過程中，每次對父親的回答不滿意就會多加一塊磚，那天晚上前後加了七塊磚。到了第二天早晨父親實在受不了了，只好屈打成招，他要求幹部放他回家問問婆婆那些元寶藏在哪裡，晚上再回來告訴他們。幹部答應暫時放了他。當時他的兩條腿痛得無法站起來，只得靠兩隻手爬了回去。中午他到院子裡，坐在圍牆旁，背靠著圍牆晒太陽，一邊養傷，一邊思索著當天晚上的對策。圍牆外就是南街的廣場，隔牆聽到有兩個幹部正在商計著說，當天晚上要把父親打死。父親無可奈何地回到屋裡躺在炕上等死，矇矓間聽到曾祖父在院子裡高喊：「天都什麼時候了，還不趕快起來到地裡看看夥計（長工）在做什麼。」父親一驚，醒了。他找母親和四叔、五叔商議。與其坐以待斃，四叔和五叔堅決主張立即逃走。他們認為可以先去煙台找我大伯父，雖然當時煙台也在共產黨的控制之下，但它終究是個大都市，加上大伯父在那裡人際關係良好，在他那邊找個地方藏起來，短時間應該不會有問題，然後他們再找機會偷渡去仍然在國軍控制下的青島，投靠我爺爺。

婆婆傷得自己站都站不起來，不可能跟著一起走，那時候妹妹不滿四歲，我不滿六歲，也不可能帶著我們一起走。母親不忍心拋下妹妹和我，要留下來和我們在一起。父親教母親不要把他們逃走的事情告訴婆婆，因為那樣只會增加她的恐懼。於是他帶了四叔和五叔，向別人推說要到田裡去幫助參軍的家屬翻地瓜蔓和替幹部割牛草，拿了翻地瓜蔓的長棍和割牛草的鐮刀，出了門，沿著山路逃生去了。

婆婆知道父親和四叔、五叔逃走後，嚇得全身發抖，哭得很傷心。三爺院子裡有個豬圈，豬早就被鬥走了。那年夏天雨多，積滿了很深的水。婆婆想要跳進去淹死在裡頭，可是連爬進去的力氣都沒有。

從父親和叔叔走後的第三天上午開始，村幹部陸續來帶走了婆婆、母親、三爺、還有三爺的獨生子延梅大伯，把他們分別吊起來毒打了一頓。三爺當場被打死了（三爺是個出了名的好人，曾因替窮人作保，幾乎傾家蕩產），婆婆和延梅大伯則被關了起來。母親因為需要照顧兩個孩子和給被關押的婆婆做飯，幹部允許她交保，放了出來。

每天我和三爺家十三歲的小姑一塊去送牢飯。在送晚飯的時候，一個值班的女幹部會打開門上的鎖，讓我們進去。婆婆和延梅大伯坐在鋪著包穀稭的地上，腰上各綑了一根用來栓驢或騾子的粗繮繩，繩子的另一端綁在樑上。婆婆看到我總是很高興，我把飯端到婆婆的面前，站在婆婆旁邊陪她把飯吃完。天涼了，婆婆叮嚀我，明天送飯的時候別忘了替她帶件夾襖來。

那年的中秋節，母親和延梅大伯母把原先留作種子的一碗稻子打成米，煮了兩碗飯，要我和小姑送給婆婆和延梅大伯做晚飯。婆婆看到了這在太平年間都難得一見的大米飯，很是驚喜，捨不得自己吃，一定要留給我。小姑騙她說我已經吃過了，婆婆轉過頭來問我，我說我吃飽了。

延梅大伯先被釋放出來，婆婆則被繼續關到另一處幹部集會的四合院裡，每天我一個人去送飯。一天早晨我像往常一樣給婆婆送早飯，走到四合院的大門口，有個幹部騎在門檻上攔住了我，對我說婆婆已經吃過了，要我把飯帶回去。我信以為真，很高興地回去告訴母親，以為是像從前一樣有人招待婆婆吃好東西。令我訝異的是母親和延梅大伯母的臉色突然變得很蒼白，什麼話也沒有跟我說。

在中秋節的前後，李彌將軍率領的國軍部隊收復了煙台，其後國共在牟平縣城的西北邊作拉鋸戰。就在那天的下午，幹部接到了通報，說國軍就要打到東南邊來了，要全村的村民統統撤到附近的山上去。幹部來通知母親，要她帶著妹妹和我，到魏家祠堂與他們會合，跟他們一塊走。

在魏家祠堂裡，我們看到了婆婆，她全身是血，左邊的耳朵被割掉了，左手大拇指以外的四個指頭，在靠近第二關節的背後，被齊齊地割了一刀，深得看到了骨頭，腳上只剩下一隻鞋子，腰上綑了一根又粗又長的韁繩，繩子的另一端拖在地上。

婆婆對母親說她餓，在母親帶的籃子裡只有早晨要我送給婆婆的小米乾飯，婆婆吃了幾口，覺得又冷又硬，嚥不下去。這時候有一個曾與我家熟悉的幹部走進來看到了我們，動了惻隱之心，他對母親說，她帶著兩個年幼的孩子不可能跟得上他們，他要母親帶著妹妹和我去跟村裡的大隊一起走。母親說她不敢，他說不要緊，如果有人問起來就說是他說的。婆婆猛向母親做手勢，要她趕緊走。母親左手抱了妹妹，右手手臂上拐了籃子，我拉著母親的衣襟，離開了婆婆，跟隨大隊去了。

大隊先順著村東頭的大路往南走，再沿著梯田邊的山路往西邊的山坡上爬，在一片包穀田裡停了下來。田裡的包穀已經收割完了，地上散布著一叢叢圓錐形待晒乾的包穀稭草堆。天黑了，開始下起毛毛雨，幹部把隊伍散了開來，讓各家找個草堆，鑽進去避雨。母親自然不敢去跟別人搶，等到別家都安定下來，她才在地邊上找到了一個沒人要的草堆，上面的包穀稭有一大半被拿走了。顧不了許多，我們母子三人迫不及待地鑽了進去。衣服都濕透了，草堆的四周透著風，氣溫急遽下降，三個人的下巴都不停地在打寒顫。我和妹妹叫冷，母親把她的外衣脫下來，蓋在我和妹妹的身上。夜像死一樣的寂靜。

大概是雨停了，聽到外頭有人在走動、說話。一位街坊老太太從我們的草堆旁經過，在黑暗中認出了我們，她探進頭來小聲地告訴母親說婆婆已經死了。

後來我們才知道，婆婆不只是耳朵被割掉了，手被割傷了，肋骨也被打斷了好幾根。在全村所有的人都離開後，幾個年輕力壯的幹部拉著婆婆走捷徑，他們沿著村南的河溝邊往西走大約一里多路，然後往南跨過河溝，再爬一個很陡的坡，坡上不遠處就是大隊停留的包穀田。不知道婆婆是如何走完了那一里多的河邊路，過了河溝再也爬不上那個陡坡了。就在那裡，幹部打了她兩槍，她倒在河水裡，幹部以為她死了，丟下她走了。

槍並沒有把婆婆打死，冰冷的河水又把她沖醒了過來。她坐了起來，一點一點地移動到旁邊沒有水的地方上去。第二天早晨幹部們從原路回來，看到婆婆坐在水邊，吃了一驚，一個幹部拿了一把日本武士刀走向婆婆，在婆婆的背後從上到下猛力地刺了下去，貫穿了婆婆的整個內臟，攪了一攪才拔了出來。婆婆倒了下去。

母親不敢也無力去收屍，三天後才由路過的農人挖了幾鏟子河邊的土，把婆婆掩蓋了起來。不知道秋後的哪一場大水把婆婆沖走了。算算那年婆婆只有五十六歲。

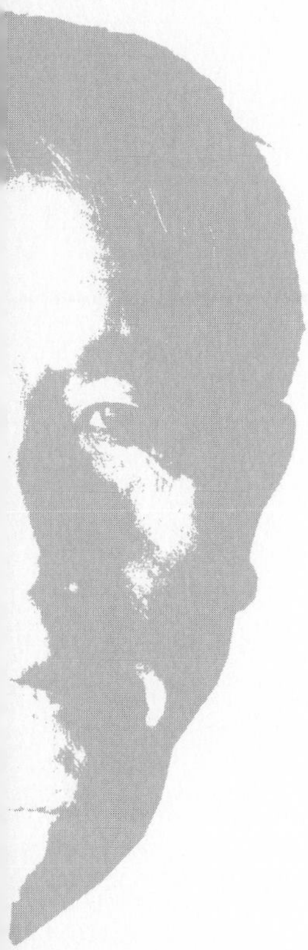

3

母親的早年

母親。

母親生於民國十年（西元一九二一年）。外婆家下雨村離我家只有八里路。那年她八歲，我父親十一歲，外公來我家做客，和我爺爺說訂的這門親。據母親說當年爺爺看中的是我大姨，大姨既漂亮又能幹，可是外公認為大姨年齡比我父親大太多了，不合適，所以才退而求其次把母親許配給我父親。

外公十八歲隨他舅舅闖關東，去大連當學徒做生意。大連位於遼東半島的最南端，隔渤海海峽與煙台相望，兩地距離大約一百公里，坐船一個晚上就能到達。很不幸，他舅舅抽大煙，在煙台把路費抽掉了，沒有錢買船票，兩個人只好徒步繞過整個渤海灣，出山海關，走了一個多月才到了大連。後來外公成功地開創了自己的事業，在大連、奉天（瀋陽）、錦州、哈爾濱都有他的生意，工作忙分不開身，每隔三年才能回家一次，其餘的時間只有外婆、大姨、小姨和母親，陪伴著晚年雙目失明的外曾祖父，住在偏遠保守的下雨村老宅子裡。

像當年鄉下其他的稚齡女孩一樣，在母親五、六歲的時候，外婆替她纏腳。外婆把母親的雙腳，除了大腳趾以外的其他四個腳趾，使勁地彎到腳底下，然後用一條很長很長叫裹腳布的白布條，把整個腳緊緊地纏成一個圓錐狀，大腳趾是圓錐的尖，腳後跟是圓錐的底，走起路來只能用腳跟著地，其痛苦是不難想像的。常常沒纏幾天母親就痛得受不了，哀求外婆替她鬆開來，過不了幾天又迫於現實，非再纏不可，這樣纏纏鬆鬆，犯了纏腳的大忌，眼看著三寸金蓮就要往五寸上長了，正巧那年國民革命軍北伐成功，全國統一，國民政府開始在落後的農村推行現代化的政策，嚴令禁止女童纏腳。這突如其來的罕有德政，一掃母親所有的憂慮和痛苦。這是幸運之神在母親一生中唯一眷顧她的一次。

國民政府的另一德政是在鄉間大力推廣教育，鼓勵女孩子們也去上學。母親是左撇子，誤信人家說用左手拿筆在學校裡會被老師打，不敢去，慫恿還不到學齡的小姨代替她去，等到後來看到小姨學會了讀書和寫字，母親才悔不當初。不認識字，做了一輩子的睜眼瞎子，母親有說不出的遺憾。

在母親少女時期，外婆家的經濟還頗為富裕，尤其是在外曾祖父去世之前，那時候外公在東北的生意做得火紅，一籃子、一籃子的大洋往家裡寄。下雨村在我們那方圓十幾里的地方算是個大村落，村東頭有條寬敞的沙河，每五天跑江湖的流動攤販和周圍農村裡的農民到河灘上來趕集，熙熙攘攘的很是熱鬧，除此之外大街上還有幾家固定的店鋪，鄉下人沒有什麼特別的需求，想買的東西應有盡有，外婆一家過得很舒適。

外曾祖父去世以後，家裡只剩下四個女人，外公不放心把錢直接寄到家裡去，先寄存到他的一個朋友開的鋪子裡去。他朋友的鋪子就在下雨村的大街上，外婆需要錢的時候可以隨時到那裡去拿。這原是個很好的安排，但是外公的這位朋友很不誠實，欺負外婆家裡的女人不識字，做假帳，把外公寄存在他那裡的錢，一大部分污到他自己的口袋裡去。母親雖然不認識字，但有過人的記憶力和不尋常的心算能力，外婆拿到每一筆錢的日期和數目她都記得清清楚楚。她向外公告狀，外公最初不肯相信。等後來明白了真相，不再往他朋友那裡寄錢，他在外頭的生意已經大不如前，加上姨太太一家龐大的開銷，能寄回下雨村來的錢也就越來越有限了。

我曾祖母是下雨村孫家的人，母親和父親的這門親事算是親上加親，因而自從母親和我父親訂過親以後，母親家的人就開始給予父親極大的約束，對於父親一生的影響遠勝於來自我們自己家裡的人。原本我爺爺打算讓父親跟隨我外公和我大伯父的腳步，下了學堂以後出去學生意，到外頭發展自己的事業。可是外婆有了外公的切身經驗在先，堅持不肯讓父親出去。外婆認為跑出去做生意無非是為了掙錢，錢可能掙得到，可能掙不到，就是掙到了而且能規規矩矩的不在外頭娶姨太太，也要每隔三年才能回家一次，這對母親太不公平了，更何況我們家並不缺錢，沒有必要付出這麼大的代價。父親生性隨和，不喜歡爭強好勝，對於自己的未來沒有抱很大的企圖心，外婆既然不讓他出去，他也就毫無異議，心甘情願地留下來，在家裡幫助我爺爺帶領長工種田，以及替爺爺跑跑腿，處理家裡的一些對外事務。

父親在年少的時候很喜歡唱京戲，他和村子裡的同好在農閒的時候組織業餘的戲班子，到鄰近的村子裡去巡迴演出，娛樂鄉里，並且與其他村子裡的同好作友誼比賽，有出色的表現，獲得很多的好評。消息很快地傳到我外曾祖父的耳朵裡。那時候都民國好多年了，外曾祖父仍然堅持他那一貫的前朝思想，認為到外頭唱戲，不是一件光彩的事，拋頭露面的，對家門是一種羞辱。他怪罪爺爺教子無方，把爺爺叫去訓了一頓。從此爺爺不許父親再粉墨登場，父親只好躲在戲台簾子的後頭敲打鑼鼓。

在父親迎娶母親的前兩年，抗日戰爭爆發，國民政府徵富戶兵，向農村裡富裕的人家徵兵，父親被徵了去。爺爺花了一百幾十塊大洋和幾十擔穀子，雇請了一個人把父親替換了回來。因而母親和父親得以在民國二十八年（西元一九三九年）結婚。那年母親十八歲，父親二十一歲。

母親嫁到我們家不到三年，外婆家的家道就開始沒落了。外公原先在東北興隆的生意，在民國二十年九一八事變，日本人占據了東北後，遭遇到很大的困難。不得已他把事業的重心移到了上海。十年後又發生了珍珠港事變，日本人占領了在上海的外國租界，外公的生意完全做不下去了。他只好帶了姨太太和姨太太生的一大群孩子回到下雨村的老宅子來。早先在下雨村因為家裡沒有男人種田，所以外公在事業鼎盛的時候沒有在那裡買地置產。

現在要靠外曾祖父留下的幾畝薄田和有限的積蓄來養活這麼一大家子人，自是處處捉襟見肘。更雪上加霜的是家不和，在一個屋簷下的兩個女主人不斷地在爭吵，外公束手無策。在這種經常吵吵鬧鬧的生長環境下，所有的孩子包括已出嫁的母親都受到了很大的傷害，母親感到極端的苦惱。小時候母親常跟我說，我長大了什麼事都可以做，可千萬不要娶兩個老婆。

母親嫁過來的第二年生了我姊姊，姊姊沒幾個月就夭折了，次年生了我，兩年後妹妹出生，再兩年生了一個弟弟，弟弟不到一歲染病死了。家鄉大家庭的傳統是男孩子過了十二歲才由家裡在每年過年的時候供給布料做衣服，十二歲以下的男孩子和不管多大的女孩子，所有平日的穿著皆靠孩子的母親或女孩子自己做些像繡花、結髮網或是紡紗之類的家庭副業來賺錢自理。母親年紀輕輕，一邊要忙著照顧孩子，一邊又要分擔家務，很難找出足夠的時間做家庭副業，外婆在她自己那樣艱苦的環境下仍然給予母親很大的資助，沒有讓我們母子受到半點的委屈。縱然如此，在那個年代，要在大家庭中做好一個娘家家道中落的媳婦，不是一件容易的事。所幸二婆婆、我的婆婆，還有我的爺爺，都不是勢利人，很能體諒母親的處境。尤其是當家的二婆婆心疼母親，時刻都在向她伸出援手。

母親人很聰明，個性特別要強，每一件事她都要做得十全十美，一言一行她都格外的謹慎小心，深怕落人口實，讓別人看輕了她，但是來自妯娌間的無形壓力，仍然給了她心理上很大的負擔。從母親曾經向我提起的下面兩件往事，可以看出她當時的心境。

大伯母和後來的三嬸都有個殷實的娘家，每年在春夏以及秋冬之間，在家裡忙完播種或收成以後的空檔裡，都會回娘家住一個月。從娘家回來帶給每個人一份禮物，全家皆大歡喜。母親在嫁過來的頭兩年也還能像大伯母一樣每年回娘家兩次，等到娘家家道中落後，母親不忍心增加外婆的額外負擔就很少回去了。看到大伯母和三嬸高高興興地回去，風風光光地回來，在十分要強的母親心裡自然頗不是滋味。

每年在新年過後的正月裡，親戚們相互探訪並往來贈送禮物，家鄉叫「出門」。禮物無外乎是點心舖買的桃酥、自己做的點心，和過年蒸的大餑餑（圓形的饅頭叫餑餑）。大餑餑是過年用來祭祀天地、祖先的超大餑餑。大餑餑不只是大，其材料和做工也有異於一般的餑餑。通常的做法是將發好的上等麵粉攙入了白糖和豬油，然後用力不停地揉，揉的時間越久，蒸出來的餑餑就會越白。揉好了麵將它做成半圓球形的餑餑胚，再在餑餑胚的表層上從頂往下穿插四排對稱的乾紅棗。這樣上鍋蒸出來的大餑餑在雪白光滑的表皮上點綴著紫紅色的棗子，看起來有如美人般的亮麗。色、味、香俱全，這在物資缺乏的鄉下無疑地是送禮的上品。

那年有親戚送了外婆一對大餑餑，外婆捨不得吃又轉送給了我們，母親把它切成片，上鍋蒸熱了分給大家吃。由於存放的時間太久，蒸出來的餑餑片拿在手裡很容易就碎了，三叔說了句不經心的嫌棄話，傷了母親的自尊心，母親感受之深在多年後還不只一次向我提起。

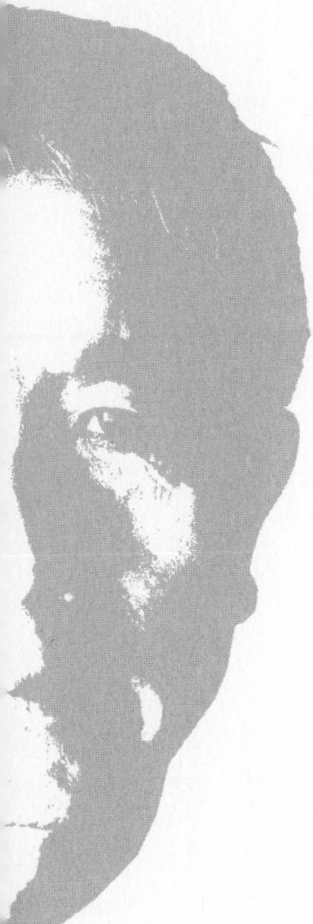

4

母親的選擇

八路軍來到我們家鄉首要的工作是收買人心，贏得民眾的信任。為了減少阻力，他們在地方行政人事的任用上延續從前，沒有作任何的更動，像原先當村長的爺爺仍然繼續當村長。緊接著他們的政工人員來到鄉下，作深入民間的宣傳，和瞭解地方上事務的知彼工作。他們要每個村子推選出兩位年輕優秀的代表，男女各一人參加他們的會議。我們村子推選了父親和一位叫小黑子的年輕女孩。會議的地點在鄰近的一個村子裡，會開得很頻繁，時間都在晚上，這樣不會影響代表們白天的工作。很可惜父親在世的時候我沒有問過他，當年開會的時候到底有些什麼議題。晚飯後父親和小黑子結伴去，深夜才回來。

父親年輕的時候長得很英俊，是村子裡少有的美男子，小黑子是從那麼多人中間精挑細選出來的，模樣一定很不錯，可能還念過書，他們走在一起，母親很不放心。多年後母親向我提起這件事，還在吃小黑子的陳年老醋。一年以後，共產黨摸清楚了村子裡每一家的底細，利用村子裡的矛盾掌控了全局，才露出原來的真面目，在政策和態度上作了一百八十度的大轉變，用大刀和闊斧以暴力來推行其階級鬥爭窮人翻身的政策。以共產黨的標準，小黑子的家庭成分極為良好，據母親說她後來當上了村幹部，嫁給了一個到鄉下來作政工的年輕共產黨員，後來她的丈夫在國共戰爭中陣亡了，她正在做月子，孤兒寡婦，也挺可憐的，戰爭是難有贏家的。

在清算鬥爭的初期，我們家被鬥去的主要是土地、牲口和糧食。母親不當家，不經手這些東西，沒有像二婆婆和爺爺感受得那麼深刻。直到民國三十五年（西元一九四六年）的夏天，村幹部來通知說，要進到我們家屋子裡頭搜查，看看我們家還有沒有私藏的槍械。所謂槍械，乃是在這之前有很長的一段時間，我們地方上很不平靜，小股的土匪和散幫的舊日游擊隊出沒頻仍，幾乎所有稍微富裕的人家為了自衛都購有槍械，我們家自不例外。但是在共產黨來了以後，嚴令不准私人擁有槍械，爺爺已經依照他們的規定全數交了出去。他們要查，自然歡迎他們來查。他們來到每一間屋子裡頭翻箱倒櫃，檢查得非常仔細。事實上查私槍只是個幌子，他們真正的目的是來盤點我們家有多少家具、衣物，以及其他可吃、可用的東西，作為以後抄家的依據。果然沒過多久村幹部就來抄家了。他們搬走我們家裡幾乎所有的東西，包括各個房間裡的衣櫥、衣櫃以及存放在裡面的所有衣物，廚房裡儲藏的用來待客的乾貨，客房裡的幾箱珍貴書籍和字畫，連帶放在箱子底下的家譜也都一併被扛走了。鄰居們都說我們傻，為什麼不把那些好吃的乾貨像海參、干貝、大蝦米先燒燒吃了，要白白地等那些村幹部來搬了去。事實上，當時二婆婆每天都愁得一頓、一頓地吃不下飯，哪有心情想這些東西，二婆婆不說，沒有人敢提。

母親娘家的小姨嫁在我們家前面的一條街上，她家的後窗斜對著我們家的大門。母親在聽到要被抄家的消息後，把一部分的衣物從她小姨的後窗遞到她小姨家裡去，由她小姨代為保管。她小姨把那些東西存藏在她內屋一間空房間的炕洞裡。在村幹部把母親的衣櫥、衣櫃抬去後，發覺裡頭的衣物少了很多，非常地生氣，記恨在心，後來曾為此把母親拖去吊起來痛打了一頓。一年多以後，母親小姨的大兒子娶媳婦，新婚夫婦的洞房就設在那間空房間裡。冬天天冷燒炕，新媳婦不知道炕洞裡藏有東西，一把火把所有藏在裡面的衣物都燒光了。

母親真正感到孤獨與恐懼是在家裡人疏散了以後。爺爺、大伯母、三嬸和他們的孩子們，以及剛過門不久的四嬸都分別離開了。父親必須留下來接替爺爺的工作，幫助二婆婆守著我們那份顯然難以守得住的家業。父親不走，母親的娘家我們母子又去不了，在別無其他選擇的情況下，母親只好跟著父親留下來。留在家裡的除了我們四個人，只有二婆婆、婆婆和因學校停課滯留在家的四叔和五叔。多年以後我曾經問爺爺、大伯父和父親同一個問題：「當年我們為什麼沒有把剩下的那點產業丟掉不要，全家一起搬到大都市裡去？」他們說：「那裡是我們的根，我們世世代代住的地方，有我們的祖墳，不能說搬就搬。」

更重要的是他們不相信那幾個大字不識一個的村幹部，那些倒行逆施違反人性的政策，能持續下去。

爺爺在走之前再三叮嚀父親，千萬不要跟幹部們討價還價起爭執，他們要什麼就給他們什麼，他們得到了他們所要的東西，應該不會再對我們怎麼樣。二婆婆也認為我們家世世代代受到所有街坊和鄰居的極端敬重，對人只有恩沒有仇，那幾個目不識丁的大老粗往常也對我們客客氣氣的，總不會因為當上了村幹部，就突然翻臉不認人，無端地將我們趕盡殺絕，置我們於死地。

很不幸的是爺爺和二婆婆都低估了人性醜陋和邪惡的一面。事實上這不是那幾個大老粗的問題，這是史無前例，共產黨官方縱容教唆下，有計畫的謀財害命，那幾個目不識丁的大老粗只不過是共產黨政工人員手上操縱的工具而已。

在幹部準備打死父親的前一刻，父親帶了兩個叔叔要離家逃走的時候，給了母親兩個選擇：第一個選擇是母親可以跟他們一起走，但是妹妹和我必須留下來，我們兩個留下來絕對活不了。可是就是母親跟著一起走，也不一定走得掉，走不掉被捉回來一定也是死。第二個選擇是母親留下來，幹部要她做什麼她就做什麼，要她改嫁她就改嫁，不管怎麼樣都要咬著牙根堅持地活下去，總有一天父親會再回來和我們母子團聚。如果不幸我們母子遇害死了，他也一定會回來替我們報仇。

母親不忍心丟下妹妹和我，決定留下來，不管未來是死是活都要和我們在一起。

5

四個黑點

母親在父親和四叔、五叔離開以後，坐立不安，天剛黑她就沉不住氣，抱著妹妹領著我跑到大街上去，看到從田裡回家的人就問，看到我父親和四叔、五叔沒有？怎麼這麼晚了還不見他們回來？其實那時候正是大部分的人從田裡回家的時刻，一點也不算晚。母親本來的目的是要向別人顯示，對於父親和四叔、五叔的逃走她完全不知情，可是這樣一來反而弄巧成拙，成了此地無銀三百兩。這令人起疑的問話，果然被一個回家的幹部聽了出來，他咬牙切齒地對母親罵道：「妳這個屄養的！妳把他們弟兄打發走了，還在這裡裝糊塗，妳等著吧！斬草一定會除根！」母親嚇得放下妹妹跑去跳井，我和妹妹跟著在後面哭叫，井邊有人在挑水，把母親攔了下來。

那天晚上還不到吃飯的時間，幾個幹部背著磨得雪亮的大刀片，來勢洶洶地跑到我們住的三爺家裡來，嚇得所有住在三爺家裡的人，沒有一個人能吃得下晚飯。不知道幹部跟母親說了些什麼，母親認為她活不成了，在炕上翻來覆去地想了一夜，認為與其等著被吊起來活活地打死，或是被活埋了慢慢地憋死，不如先自我了斷，上吊死了來得痛快。一大早不知道母親從哪裡找到了一根繩子，她拿了繩子走到前院原先三爺家長工住的夥計屋裡去，找了一個凳子，踩在上面正要往樑上拋繩子，我跟了進來，看到母親要上吊，我大哭大叫抱住她的腿不放，三爺家的三姑在後院聽到了，忙跑過來把繩子從母親的手裡搶了過去。

斧頭落下來了，第二天早晨幹部來把母親帶了去。中午幹部要三姑來帶我去問話，在路上三姑跟我說：「等一下幹部問你爹走的時候你媽知道不知道，你要說你媽不知道。記住了嗎？」我說：「記住了！」其實三姑不告訴我，我也知道該怎麼回答。

跟三姑去到一間屋子裡，看到母親直挺地站在一條長凳子上，腳上沒穿鞋子，兩隻胳膊各被一根繩子從腋窩下吊到樑上，眼睛被布摀了起來。一個女幹部把我領到那條凳子的頭上，在母親的腳旁邊她蹲下來問我說：「你爹走的時候有沒有告訴你媽？」我哭著說：「沒有！」幹部教三姑把我帶回去。

我跟三姑回去後，不肯進到屋子裡去，站在大門口兩眼遠遠地盯著母親被吊起來的那間屋子，動也不肯動。太陽都快下山了，終於看到母親從那屋裡頭走了出來，我很高興地迎向前去拉著母親的手往家裡走，母親有些不耐煩，甩開了我的手說：「不能回家，要去找保。」我跟著母親挨家挨戶地求人作保，等找到了足夠的保數，告訴了幹部，早就到點燈的時候了。

往後的日子母親沒有活一天算一天的奢侈，只能是活一口氣算一口氣。家裡沒有了男人，她必須自己上山、下田來養活妹妹和我，以及被關起來的婆婆。時時都在提心吊膽，不知道什麼時候，幹部會想起來要我們的命。

我們家在村西北頭山上有塊包穀地，地已經被鬥走了，因為地上的包穀是我父親原先種的，所以幹部允許我們等地上的作物收成了以後，再把地交給他們。地頭上種了些南瓜，那年南瓜豐收，好像整個夏天我們都在吃南瓜。

秋天包穀成熟了以後，我跟隨母親去那塊地上摘包穀穗，她在一行行茂密的包穀叢間邊摘邊往前走，我緊跟隨在她的後頭幫她忙，忽然我抬起頭來，母親不見了，高大的包穀桿和葉子擋住了我四周的視線，我驚嚇得大哭大叫，以為母親又丟下我去上吊了。聽到母親在前頭高聲對我說：「我在這裡，你哭什麼？」有如抓住我的死神突然鬆了手，我又掉回了原地。我用胳臂擦擦淚，撥開前面的包穀葉子，跑上前去緊緊抱住母親的腿。

一個炎熱的下午母親帶了網包，要到地裡去背包穀稭回家燒火煮飯，她要我留在家裡陪妹妹，我怕她去上吊，不放心，不肯。上山的路上，她在前面走，我在後面哭哭啼啼地跟著。母親真被我煩透了，她快步走到前頭轉彎的路上，在一座小橋底下躲了起來。我繼續往前走，到了轉彎的路口看不到了母親，我又驚嚇地大哭大叫，這時候母親突然從橋底下鑽了出來，她怒氣沖沖地向我衝過來，我嚇得往回跑，她抓住我，把我按在地上，用網包使勁地抽打我。有個村裡的人路過，看了心酸，求母親不要再打我了。其實當時我一點也不感覺到痛，因為所有的心思全放在慶幸母親沒有丟下我。

幹部命令母親接替父親為參軍的家屬代耕。那時節主要的工作是翻地瓜蔓，一壟一壟的地瓜長了茂盛的地瓜蔓（藤），為了不讓地瓜蔓的鬚根長到土裡去分散了地瓜的養分，必須用一根長長的棍子把地瓜蔓從壟的左邊翻到右邊去，過一段時間再從壟的右邊翻回左邊來，反覆地左右翻動。這是一件很吃力的工作。母親既無力氣又無經驗，翻得不好常引起參軍家屬的不滿，遭到責難。要翻地瓜蔓的時候，母親帶著妹妹和我一起到田裡去。在大太陽底下晒，流很多汗，四歲不到的妹妹常常口渴要水喝，母親要我到地頭上摘片芋頭葉，拿到山澗底下去盛水給妹妹喝。芋頭葉不沾水，水包在裡頭很滑溜，一不小心就灑光了。經常我在山澗裡包得滿滿的一包水，等爬上來到了妹妹面前一滴也不剩了。遠水解不了近渴，我乾脆帶妹妹直接去山澗底下喝水。六歲不到的我背著妹妹一道梯田一道梯田地往山澗底下爬，又一道一道地爬上來，不時望望母親在翻地瓜蔓的側影，不讓她離開我的視線。

在婆婆遇害後，駐煙台李彌將軍的國軍部隊，和在牟平縣西北反抗共產黨的游擊隊，不時地從北邊下鄉來掃蕩。他們要來的時候，幹部不許我們留在村子裡，命令我們母子跟隨村裡的其他人一起往南邊的山上或村莊裡去躲避。在往南的大路上，母親一手抱著妹妹，一手拐個籃子，我跟在她旁邊，孤伶伶地跟隨著大隊往前走。人們像躲瘟似的遠遠地躲著我們。一次突然有人趁幹部不注意向我們飛快地跑過來，丟下一塊東西在母親的籃子裡，又飛快地跑回去。丟下的是塊白麵做的餅。在糧食極端缺乏的當時，這塊連他們自己老人和孩子都捨不得給吃的珍貴食品，竟然冒險送給了我們。我幫母親拉一拉籃子上蓋的那塊布，把餅藏在布底下，裝著若無其事，繼續跟著隊伍往前走。

有一天幹部要我們到南河對岸一個叫「峴上」的村莊去開會，那裡集合了附近幾個村莊被清算鬥爭過的地主，人數不少，擠滿了整個會場。一個共產黨上面派下來的年輕幹部走到台上來，向我們解釋新的罪行積點制度。他說，每家最多只能積到四個黑點，第五個黑點一到馬上就要處死。散會後可以到隔壁的辦公室去查看檔案，看看自己家目前有幾個黑點。母親不認識字，問幹部，幹部說我們已經有四個黑點，原因是我們家是地主，這是第一個黑點；我爺爺當過村長（只要在共產黨來之前當過村長，不管對村子做過多少貢獻，個人做過多少犧牲，一律劃為惡霸），是第二個黑點；我爺爺先逃走了，是第三個黑點；我父親和我四叔、五叔後來逃走了，是第四個黑點。母親向幹部提出抗議，認為我爺爺的逃走和我父親、四叔、五叔的逃走應該合在一起算一個黑點，不應該分開來算兩個黑點，那個年輕幹部不同意。

不等到第五個黑點的到來，我們村裡的幹部就迫不及待地要處置我們母子。傳出來的消息是他們有兩個方案：一個方案是活埋我們，洞已經挖好了；另一個是把母親配給村東頭的一個窮無賴，綽號叫「驢瘸腿」的瘸子。他們可能內部有所爭議，所以遲遲沒有執行。

有一天晚上開會散會以後，一個人來找母親，對母親說在村東北角上有一個四十來歲叫魏某的鰥夫，他願意娶母親並收養妹妹和我，幹部已經同意了，如果母親願意，今天晚上就過去。母親說今天晚上不行，明天早晨再過去。

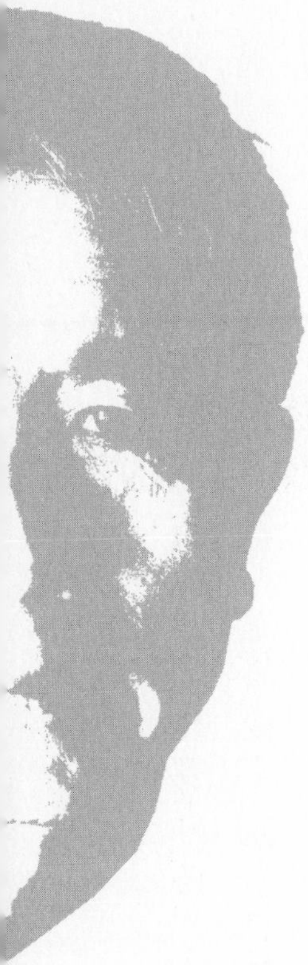

6

堅持地活下去

我年紀太小，不知道母親前一天夜裡有沒有合上眼，也無法理解母親當時的感受，不記得她是在怎樣的心情下提了一個小包袱，領了妹妹和我走完那一小段山坡路。我們到了魏家已經快中午了，魏某正在擀麵條。因為家鄉有「起腳的餃子，落腳的麵」的習俗，新媳婦進門要吃麵條。母親接過手把麵條擀好。麵還沒有來得及吃，就有幾個幹部說是來鬧洞房，哪裡有人大白天鬧洞房的，分明是來羞辱母親，他們講了許多不堪入耳的話，母親低著頭坐在那裡，一句話也沒有說，一根麵條也沒有吃。

共產黨把農民分為地主、富農、中農和貧農四個等級。魏家屬於中農，有幾畝地、一棟房子和一頭驢。房子建在山坡上一塊整平的台地上，坐北朝南一排，總共只有三個房間，中間進門的是廚房，廚房的兩旁是臥房，臥房的門通廚房。房子的前面有一長溜溜沒有圍牆的院子，院子的左邊是驢欄，栓那頭驢的地方，右邊種了一棵大槐樹，槐樹的右邊台階下是一條南北向，直通村南的斜坡路，我們就是從這條路走上來的。沿著房子的後頭是一條小路，往東能通到村東頭的大路。魏家只有兩個人，魏某和他的一個十來歲，腦筋有些遲鈍，名叫小喜子的女兒。

要堅持地活下去，嫁到魏家來總比被強迫配給「驢瘸腿」好多了。我們母子不再有隨時死亡的威脅和恐懼，我不用再怕母親去自殺而時刻盯住她不放。我們更多了一層新的活動空間，可以拿到路行條去探望外婆和大姨。對外有了交通，有事情可以找親戚商量，不再感到那可怕的孤立和無援。但這並不表示我們從此就可以太平無事。第一個警訊發生在過來魏家沒有多久的一天晚上，村裡開會，像往常一樣按階級成分不同分開來坐，幹部命令我們母子去跟地主們坐在一起，能再看到大爺和三爺家的親人自然很高興，但這分明是要告訴我們：我們母子的命運仍然跟過去脫不了關係。

全村的人都在瘋狂地搞清算鬥爭、窮人翻身。那些翻了身，分到了土地的窮人，很少人有心思去種地，因為那要流汗和出力，不如去拿地主現成的來得便捷。加上許多年輕人被迫參了軍，造成種地勞力的不足。更由於共產黨在打仗，戰費浩繁，稅捐極重，搜刮走了不成比例的農民收成。這些原因給我們村子裡帶來了空前的饑荒。放眼所及大多數的家庭都在靠野菜（如嫩的蒲公英）、樹葉（如楊柳、榆樹的葉）和樹皮（如楊柳樹皮）充饑。野菜挖光了，連陳年晒黑了的乾地瓜蔓也拿出來用熱水泡開煮來吃。村裡有人餓死。

比較起來我們要好多了。魏某是個典型的勤奮農民，早已過了參軍的年齡，現在有了年輕的母親為他洗衣燒飯料理家務，他可以無後顧之憂，全心全力地去種他那幾畝地，加上人口簡單，因而有足夠的地瓜、地瓜乾和包穀可以讓我們吃飽。

為了節省過日子，母親也學著別人把野菜摻在包穀餅裡當飯吃。

在趕集的時候，魏某把自己種的，數量有限的花生和麥子馱在他那頭驢背上，到市場上賣了換成錢。回來的時候總會買點煮熟的豬頭肉或其他好吃、好用的小東西帶給我們。有一次他買了一件小男孩的舊上衣帶回來給我。母親堅決不讓我穿，和魏某爭吵了起來，因為她怕那是從死人身上剝下來的，死人的冤魂會附在衣服上不散。母親的顧慮看起來有些不近情理，事實上那時候有非常多冤死的大人和小孩，尤其是從前地主家的大人和小孩。

大人都說小喜子的腦筋有些遲鈍，但是當時才六歲的我一點也感覺不出來。或許由於她的智商不高所以沒有壞心眼，我覺得她的心地特別善良，跟她相處在一起是件很愉快的事。秋天過後，山上的闊葉樹如養柞蠶的柞木落了葉，窮人家的半大孩子們都要到山上去扒樹葉，用網包背回家堆積起來，作為爾後煮飯或燒炕的燃料。午飯後太陽晒乾了落葉上的露水，孩子們紛紛上山去扒樹葉，魏某擔心小喜子一個人去會受到壞男孩子的欺負，母親要我陪她一起去。山林裡遍地的紅葉，煞是美麗。我幫小喜子塞滿了網包後，我們到樹叢中去找鳥蛋，在野地裡追兔子，在山上玩夠了，才快樂地踩著夕陽循著下山的路回家，從遠處村裡飄來燃燒樹葉的陣陣炊煙，有一股醉人的芬芳。

母親迫不及待地要到了路行條，到下雨村去探望外婆。記得上一次到外婆家是在一年多以前小姨出嫁的時候，那時候外婆的日子還過得去。這次再看到外婆，她的情況糟透了，外公完全倒向了他姨太太的那一邊去，和外婆分開來吃飯，不再養活外婆了。外婆只好日夜紡紗，賺一點點包穀麵摻合著大部分的野菜來養活自己。我們能活著看到外婆，外婆自然很高興，但是她窮得連管我們一頓飯的能力都沒有。母親料想不到外婆竟會潦倒到這步田地，傷心透了，對外公表示了極度的不滿。

母親對外公的不滿還包括了她認為外公對我們母子的死活漠不關心。原因是由於外公沒有多少土地，加上要養活的人口又多，在下雨村這個比較大的村莊裡，很多人都比他富裕，因而在農民等級劃分的時候，他被評為中農。由於成分良好，他姨太太的一個女兒當上了下雨村「青婦會」的副會長，大小是個幹部。母親抱怨的是，在我們母子遭到極端迫害的時候，外公並沒有利用他的影響力，向我們伸出任何絲毫的援手。

其實外公沒有來營救我們，對我們來說不見得是件壞事情。與我們情況相似，在離我們村不遠的一個村莊裡就發生了一件駭人聽聞的事：有一家人的丈夫逃跑了，該村子裡的幹部要活埋他的太太和三個女兒。太太娘家的哥哥得到了消息，跑來向幹部求情，希望能讓他帶走一個女兒，幹部滿口答應，問他要哪個女兒，請他在屋裡等等，這就去帶他要的女兒來。幹部出了門，把門從外頭反鎖了起來，立即去把四個人都活埋了，才回來開門放他出去。以我們村裡的幹部之壞、之狠、之毒，同樣的事情很可能會發生在我們母子身上。

要過年了，母親忙著清潔屋子，準備過年的食物。她蒸了一籠一半白麵、一半包穀麵的年糕，做了一籠屜的豆腐，蒸了幾籠普通的餑餑，炸了一些用麵粉裹的肥肉，俗稱酥肉，燉了一盆包含豆腐、酥肉、大白菜和粉條在一起的隔年菜。過年期間能吃到餑餑和年糕配隔年菜，對於平時餐餐蔬菜雜糧，絕少油水的我們來說，有勝於滿漢全席。對了，還有包子，年三十的早晨一定吃包子。

正月裡天冷，風雪不斷，外公還是冒著大雪來女兒家作客。母親雖然心裡對外公不滿，仍然拿出最好的東西來款待他。一直處於半饑餓狀態下的外公能有酒有肉地飽餐一頓，非常的滿意，算是過了一個難得的好年。過完了年的春天，母親把外婆接過來住了一段時間。那時候小姨婆家的情況也不好，小姨丈被徵參軍去了，家裡窮，沒有什麼東西吃，大人和小孩都營養不良，小姨頭胎生下來的孩子沒活多久就夭折了。小姨在家跟她公婆處不好，常來探望外婆和母親。外婆和小姨的到來，帶給母親很多的關懷和慰藉，母親的日子好過得多了。最興奮的是我，老纏著小姨問東問西地不放。晚飯後小姨帶我坐在屋旁的大槐樹下，給我講故事，教我數數，我能輕易地從一數到一百，這讓我後來上學的算術成績比別的同學都好，因為大多數的同學剛開始只能從一數到十。

外婆和小姨回去後，我們的日子又靜了下來。母親和我有很多的時間單獨在一起，母親又禁不住一再重複地問我：「什麼時候才能再看到你爹？」因為母親相信傳說：小孩子能預知未來。我也一再重複地給母親同樣的回答：「過了年。」母親很失望，去年我告訴她過了年，怎麼今年又說過了年？到底要過幾個年？

母親最不希望發生的事情發生了，母親懷孕了。

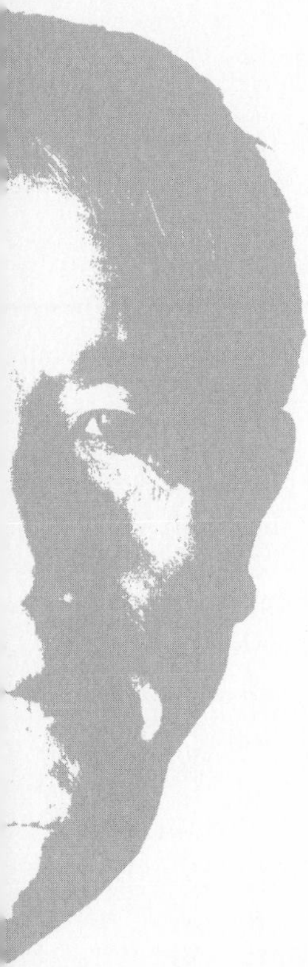

7

父親的口信

暮春一天的午後，有一個臨村的人悄悄地來找母親，對母親說，他去煙台回來的路上，經過反共游擊隊的防衛區，遇到父親在馬路上站崗。他說父親已經知道母親改嫁了。父親託他捎個口信給母親，希望母親能設法把他的兒子，也就是我，送過去給他。

原來父親和四叔、五叔在那天下午離家以後，他們從山路繞過村北面的幾個村子，然後接上往牟平的大路，直奔煙台。在走到牟平縣西北的路上遇到大雨，河水暴漲，父親一隻手拉著一個叔叔強行渡河，到了進煙台的關卡南大門前，天還沒有亮，正巧遇到了早晨運糧食進城的大板車隊，他們夾在搬運工人裡頭，跟隨著車隊混進城裡，跑去敲還在睡夢中大伯父的門。

大伯父把他們三個人分別找地方藏了起來，然後接洽雇船準備送他們去青島。在起程之前，大伯父找他的一位善於卜卦的親信朋友卜了一卦。根據卦象，他的朋友建議父親和四叔、五叔不要走，他預測在中秋節前會有一個大轉機，中秋節以後，父親他們就不必再躲躲藏藏了。他們可以堂而皇之地走在煙台的大街上，愛到哪裡去就到哪裡去，保證不會出問題。現在就是想走，也不見得走得掉。大伯父的這位朋友不輕易替人家卜卦，大伯父所知道他卜的幾次，結果都很靈驗。這次他說得那麼信心滿滿，不由得大伯父、父親和叔叔他們不信。反正中秋節快到了，他們決定聽信建議，熬過了中秋節再說。果然，李彌將軍統率的國軍第八軍在中秋節前收復了煙台。而原先要雇的那條船，一出煙台港就被劫去葫蘆島運兵去了。大伯父朋友的卜術真是太神奇了。

國軍收復煙台後，父親急著設法營救我們，當時最直接的辦法是去參加軍隊。他可以選擇駐在煙台市的正規國軍部隊，或是駐紮在煙台市東南方牟平縣西北的游擊隊。游擊隊的裝備和補給都比正規國軍部隊差很多，但是他們位於最前線，人數不多，戰術靈活，常常能神出鬼沒地深入到敵人的後方去，因此父親決定參加他們，希望有一天能打到我們村子裡去，把婆婆和我們母子救出來。大伯父的姨太太（我叫她小大媽）摘下她的耳環和戒指，交給父親拿去賣了，買他參加游擊隊所需要的東西。父親跟小大媽說，等打完仗回家，他賣頭我們家的牛，再買副新的耳環和戒指還給她。父親用那些錢，買了一把盒子砲（一種裝在木盒子裡的手槍）和一輛德國造的自行車。背了盒子砲、騎了自行車，出南大門參加游擊隊去了（註）。

戰後的反共游擊隊在主觀和客觀上，都不允許他們像當年抗日游擊隊那般的養尊處優。主觀上，新加入的隊友中有一大批人像父親一樣，原是臨近鄉下善良的自耕農，他們世世代代在那塊土地上辛勤地耕種，不管誰是統治者，只要他們規規矩矩地按時交糧納稅，皆能相安無事，過著他們與世無爭的日子。共產黨來了，徹底改變了他們原先的生活方式，不僅奪走了他們的田產，更要屠殺他們的家人，他們是在家破人亡走投無路之下，被逼走上梁山和共產黨拚命的。他們原是抗戰時期游擊隊的受害者，絕對不可能轉過身當游擊隊來壓榨自己的鄉親。在客觀上，游擊隊一定要靠當地民眾的支持，才能存活下去。八路軍當年來到我們家鄉就是以極端良好的紀律，得到我們的擁護。要贏得民心與八路軍對抗，他們必須要更勝一籌，因而他們的紀律極為嚴謹，對於百姓秋毫不犯，得到廣大民眾的認同和支持。據說，他們整個的武裝隊伍不足八百人，卻有兩萬民眾自動在向他們提供情報。因為不是正規軍，不在國軍的編制之下，得不到國軍正規部隊的後勤補給。武器彈藥還可以靠在煙台的國軍支援，其餘補給品的來源則極端地困難。他們經常斷糧，有時不得不靠生滿了蟲，沒有人要吃的陳年地瓜乾來充飢。父親說常常在一碗煮熟的地瓜乾裡至少有半碗是蟲，他只好閉上眼，屏住氣，連蟲帶地瓜乾一起囫圇吞到肚子裡去。衣服只有一套，難得有機會脫下來洗，全身長滿了蝨子。天氣好，戰事暫歇的時候，盡快找個地方坐下來，抱著槍，靠在牆腳或沙包上休息。父親乘機解開綁腿，把堆積在褲管裡的蝨子清除到地上去，然後趕緊綁回綁腿，準備隨時會發生的戰鬥。生活縱然這般艱苦，士氣卻異常地高昂。父親說，他經常身上背著二百發子彈，腰上掛著兩顆手榴彈，拿著槍在戰場猛烈的砲火下衝鋒陷陣，一點也不覺得怕和累，靠的就是那可能救出我們來的一線希望。

母親在得到父親的口信後，知道父親還平安地活著，自然很高興。但是父親的要求卻帶給母親很大的困擾，如果照父親的話去做，把我送過去，以後被幹部發現了，那她和妹妹一準會被活埋；如果不照父親的話去做，則將來又無法向父親交代。母親左右為難，不知道該怎麼辦，她去找外婆、小姨和大姨商量。大家的共同結論是：如果要走，我們母子三人必須一起走；如果不走，則一個也不要走，如果只把我送出去，那後果會不堪設想。小姨勸母親不要走。小姨說魏某是個好人，待我們母子很不錯，家裡人口又簡單，沒公沒婆，凡事母親可以自己作主，物質生活也還過得去，好不容易才剛喘過一口氣來，為什麼又要再去冒那個險？更重要的是，母親的肚子裡正懷著魏某的孩子，將來這個孩子要怎麼辦？再說，母親連附近的牟平縣城都未曾去過，現在要帶兩個年幼的孩子，挺個大肚子，沒有任何交通工具，光靠兩條腿要通過重重關卡，越過戰地火線，去投奔八十里外的父親，談何容易？但是母親聽不進去這些，她一心一意地要去找父親。在往後的一段日子裡，我跟著母親頻繁地來往於外婆和大姨家。母親和小姨、大姨以及大姨丈，不斷地在商討我們逃亡的計畫。小姨和大姨丈並暗地裡走訪親戚，請求他們的協助。事關我們母子三人的性命，不能不慎重。

註：很不幸，父親在一次回煙台探望家人的路上，行經煙台山，被兩個穿國軍制服的兵前後用槍抵住，把他的盒子砲搶走了，自然又賣回到市場上去了。他那部德國製造的自行車，騎到最後兩個輪子都壞了，只剩下一副破骨架，父親拿去賣了八塊大洋，小大媽的債不見得一頭牛就能還得清。

8

與父親重逢

小姨、大姨和大姨丈認為能準備的都準備好了，為了避免夜長夢多，我們母子還是早些動身的好。那天早晨母親收拾了幾件換洗的衣服，告訴魏某說，她要帶孩子回娘家去住幾天。帶了妹妹和我去到了外婆家，小姨已經在那裡等候我們了。中午外婆沒有東西給我們吃，正好那天下雨村趕集，母親和小姨領了妹妹和我，到集上一家熟人開的麵棚子買了兩碗麵，躲在廚房裡分著吃了。回來的路上，母親盡其所有，在肉攤子上買了斤煮熟的豬頭肉，帶回來給外婆。

午飯後我們開始上路，母親和小姨輪流抱妹妹，我在一旁跟著走。才走出了下雨村不久，我就走不動了，要小姨背我，小姨說她也累了，背不動，一定要我跟著走。所幸沒有走多遠，看到大姨丈從路邊的田裡走出來。大姨丈背了我，我們一行在天黑上燈的時候，到達了北辛峪我婆婆的娘家。當時婆婆的母親還活著，但是健康狀況不佳，已經不太能下炕了。母親帶著妹妹和我到她的屋子裡去看她。老太太一看到我們就哭，不停地拭眼淚。母親告訴她婆婆已經死了，她說她知道，婆婆死得太慘了。

第二天一大早就起程，婆婆娘家的一位親戚用手推車載著我和妹妹，母親和小姨跟在後面走，午後我們到達了離國共交界線不遠的一個村莊。在那裡，我們順利地找到了要帶領我們越過交界線，去找父親的一位女性遠房親戚。這位親戚經常往來於國共占領區跑單幫，做小生意，因為常路過我父親的駐防地，因而與父親熟悉，是受父親之託來幫我們這個大忙。她先教母親和小姨如何回答路上關卡可能會問的問題，然後隨即上路。她告訴母親和小姨要盡量保持平靜，放開心，不用怕，有她帶路，不會出問題。

果然出乎意料地順利，我們通過了數重共產黨的關卡，在太陽快要下山的時候，越過了分界線，到達了位於煙台東南方，一個地名叫清泉寨的游擊隊防衛區。更驚喜的是看到我們本家延昇叔，正背著槍站在村頭的馬路邊站崗。

延昇叔是綿海爺的大兒子，綿海爺和我爺爺是同一個曾祖父，家裡也同樣遭到了清算鬥爭，和我們家在同一天被掃地出門，之後也和我們一起住進三爺家裡去。綿海爺和我爺爺一樣，在看到情勢不好的時候先去了國軍占領區的青島，把家裡的擔子交給了延昇叔。延昇叔在剛掃地出門的時候就被關了起來。一天幹部把他的衣領撕了，準備砍他的頭，突然有人來報說國軍要南下掃蕩，幹部沒有來得及殺他，急忙趕做別的事情去了，留下幾個叫「豆兵」的八、九歲男孩子負責看管他。半夜裡看管他的孩子們睡著了，延昇叔自己掙扎鬆脫了綁，往北跑到南來掃蕩的國軍陣營裡去，第二天清晨隨著國軍部隊到了煙台。在去城裡的路上，遠遠地看到我爺爺早晨在煙台南大河的河堤上散步（這時候爺爺已經從青島回到了煙台），延昇叔跑向前去跪倒在爺爺的跟前，把爺爺嚇了一跳。爺爺扶他起來，帶他回家去。休息了幾天，緩過神來，爺爺問他想做什麼，他說他要跟我父親一起去打游擊。

提起延昇叔，我最不能忘記的是我最後一次看到延昇叔的母親——綿海婆婆。在延昇叔走後的一天黃昏，魏某剛從田裡回來，母親還在燒飯，突然看到綿海婆婆驚慌地闖進門來，不知道什麼事情把她嚇得面如土色。沒等招呼，開口就跟魏某說，要魏某替她媳婦（延昇嬸）找一個像魏某這樣的人家嫁過去，她自己也能洗衣燒飯，縫縫補補，什麼事情都會做。還沒等魏某回答，就有兩個年輕幹部叫罵著跟了進來，捉住她，把她的雙手向背後反綁了起來，推出門去，把她帶走了。聽說當天晚上那兩個幹部套了一根繩子在綿海婆婆的脖子上，從繩子的兩頭緊拉把她勒死了。綿海婆婆是我們家族裡遭到共產黨殺害的第四個人。

言歸正傳，延昇叔意想不到地看到了我們，非常的高興，他帶我們走往他們離馬路不遠的營房。在營房的大門口，他興奮地高喊：「二哥！二嫂來了。」全營房的人都聽到了，探頭出來看。我看到了父親站在樓上的窗台前望向我們，或許是因為事情發生得太突然了，沒有心理上的準備，他看到母親挺了個大肚子，顯得訝異，不自覺地皺起了眉頭，一點也沒有像延昇叔剛才看到我們的那股興奮和喜悅。進到房子裡去，大夥正在開飯，父親的弟兄們熱情地招待我們吃飯。那天他們曾幫助當地的漁民拉網，漁民分了些魚給他們。當天的晚飯是包穀餅配炒鮐魚，對他們來說這是難得的盛宴。

晚飯後，我們送走了帶我們來的親戚，因為她家裡還有要緊的事要處理，得連夜趕回去。隊上幫我們借了間民房，讓父親帶我們去那裡暫時住幾天。一進門母親的淚就有如決了堤的黃河，對著父親大哭起來，父親有點不耐煩，說了句不中聽的話，更勾引出了母親無限的辛酸和委屈，她對父親說：「當初是聽了你的話才忍辱帶著孩子活下去，你要的兒子現在給你帶來了，你既然變了心，不要我了，我帶著女兒去跳海就是了。」父親定過神來，向母親說好話，陪不是，說他絕對沒有變心，絕對沒有不要她們，但是母親的心已經傷了。母親連續哭了兩天兩夜，直到第三天的中午，爺爺為我們辦好了煙台居留的合法手續和戶口，打發大爺的獨生子延桂大伯來接我們去煙台，母親才擦乾了眼淚，停止了哭泣。

9

不要看

那天下午延桂大伯把我們母子三人和小姨，從父親駐防的清泉寨，帶到煙台北門裡我大伯父的住所，那是一棟寬敞的四合院，我小大媽住在那裡，家裡的人到煙台來也都住在那裡。我大媽（大伯父的大太太）是後來才從鄉下搬來煙台的，我大伯父把她安置在毓璜頂租房子住。延桂大伯去敲門，小大媽跑來打開大門，熱情地招呼我們進去。夏天屋子裡熱，爺爺、大伯父、四叔、四嬸和五叔也都或坐或站，在院子裡等候我們。這是我第一次看到我小大媽，她穿了一件白底藍花的旗袍，真好看。當時大約是下午三、四點鐘，午飯已經吃過很久了，加上剛走過了一段很遠的路，我跟母親說我肚子餓。小大媽拿給我一張紙幣，要我到街上的鋪子裡去買花生吃。我從來沒看見過紙幣，更不知道怎麼用它來買東西。我把紙幣交給鋪子的店員，跟他說要買花生，他問我要買多少，我不知道該怎麼回答，他再問我是不是都買，我也不知道該怎麼回答，他把錢收了起來，給了我一大包煮熟的帶殼花生，我拿回去跟妹妹一起吃。

母親很平靜地向爺爺陳述，在父親和四叔、五叔離開以後，家裡發生的事情，一點也沒有像我預期的那樣激動。話題自然包括了婆婆的慘死和母親的改嫁。我只記得末了爺爺對母親說：「不一定要送人，妳願意，可以留下來自己養，我都同意。」指的是母親肚子裡的孩子。

由於我們的到來而熱鬧了一陣子的四合院，很快地就平靜了下來。小姨原先打算要大伯父替她找份繡花的工作，在煙台待一陣子再說。但是在她看了看當時煙台的狀況以後，覺得還是不要拖累大伯父的好，沒住幾天就回鄉下去了。爺爺為幫大伯父討債去了天津，順便把五叔也一起帶去投靠在天津工作的三叔。四叔好像是在煙台一家大伯父和別人合夥的公司裡工作，吃、住都在公司裡，但是因為公司沒有利潤所以拿不到工資。偶而晚飯後他回來坐坐，或用腳踏車載我到馬路上去兜兜風。大伯父和小大媽也恢復了他們的往常生活。記得大伯父一個星期在小大媽這邊住三天，去大媽那邊住四天。據母親說，那是因為大媽侍候大伯父侍候得好。依稀記得他們常有朋友到家裡來，朋友中有許多是軍人。四嬸則多了我們母子三人和她相依為命，靠大伯父養活。

母親的預產期很快就要到了。在大伯父四合院的南屋裡住了一家房客，是我們的甲長（相當於台灣的鄰長），他的母親是老煙台人，在煙台熟人很多，是一位非常熱心的老太太。有一天她來跟母親說，她找到一家好人家，夫妻兩個沒有孩子，希望能領養一個小孩，問母親願不願意把肚子裡的這個孩子送給他們撫養。周圍的人也都說，這家人聽起來不錯。母親答應了。

一天夜裡我被母親的呻吟聲吵醒了，睜開眼睛看到燈是亮的，母親斜斜地仰躺在炕前地下的椅子上，正在用力把孩子生下來，四嬸站在她的旁邊，地上有盆清水。沒多久，聽到嬰兒的哭聲，四嬸對母親說：「二嫂！是個小子（男孩），妳要不要看一看？」母親回答說，她不要看。

第二天一大早，四嬸把包在小被子裡的嬰兒，抱到院子裡遞給了南屋老太太。我看到了他紅彤彤、胖嘟嘟的小臉，睡得很安詳，還不知道這個世界的險惡。算算他現在也該有六十多歲了，六十多年來我都在心裡頭為他祈禱，希望他能平安幸福地過一生。

在煙台我們的日子過得很清苦，大伯父按時派人送來大蒜頭、包穀粉和煮飯用的木材。四嬸和我們母子三人每頓飯都在吃包穀餅和大蒜頭。雖然母親和四嬸試著用不同的烹調方式去改變花樣，但是不管是發麵的或是涼水麵的，圓的或是橢圓的，包穀餅還是包穀餅，沒有菜光吃包穀餅，吃得我們煩透了。不過我們還是非常感謝大伯父，在那物資缺乏，物價昂貴的當時，能供給我們吃包穀餅不是一件容易的事，有多少人在靠榨過油的黃豆餅充飢，那些原來用作飼料或肥料的廢棄物，現在成了好家庭飯桌上的主食，又有多少人連黃豆餅都吃不起，在挨餓。

我們在煙台遇到了原先住在高嶺（高陵）的本家延書叔（出來後改名志誠）一家，他們比我們先逃到煙台來，住在離北門裡不遠的三馬路，延書叔有二男一女，大兒子國蕃與我同歲，女兒和妹妹的年齡相仿，我們可以玩在一起，母親常帶我和妹妹去他們家裡串門子。延書叔和我父親在同一個部隊打游擊，家裡靠延書嬸和小姑（延書叔的妹妹）繡花賺包穀粉為生，生活自是清苦。為了改善單調的伙食，我們兩家常結伴到南大門外的果園裡去挖野菜。有野菜總比沒有菜好，但是野菜終究比不上田裡種的菜，尤其沒有油水煮的野菜很快就吃膩了。當時我還沒有上學（事實上是沒有學可上），每天吃完飯後無所事事，母親允許我帶妹妹到外頭去玩。北門裡到毓璜頂並不遠，因而我們常走到大媽那裡去，偶而她給我半碗她自己做的麵醬讓我帶回去。大伯父的一位朋友有漁船打魚，在碼頭邊有醃鮐魚的倉庫，有一次他給了我們一桶醃過鮐魚的滷汁，要我們煮開了，沾著包穀餅吃。我和四嬸到碼頭倉庫裡去抬。回來的路上，有人看了羨慕，問我們從那裡抬來的。

在那段平淡無味的日子裡，竟然意想不到地能在煙台看到了大爺和外公：

有天快到中午了，看到一高個子的老人拐了一個籃子，拄了一根棍，進到四合院裡來。走近了一看，原來是大爺。太意外了！看到他，我們真有說不出的驚喜，他看到了我們更是高興。母親問他是怎麼跑出來的，他說他跟村幹部說，他要出去要飯，借機跑來了煙台。

提起大爺也真夠可憐的，兩年前共產黨在我們村子裡敲鑼打鼓地獎勵參軍，大爺的大孫子勤子哥那年才十四歲，由於個子長得高大，大爺和延桂大媽要他提前參了軍，以為那樣村幹部會起碼看在參軍家屬的份上，停止對他們的迫害。事實遠不如他們的預期。在村幹部將三爺和我們家掃地出門後，過了沒多久，他們就同樣抄了大爺的家，將大爺全家掃地出門。在抄家以後，有個翻了身的婦女，分到了一件延桂大媽的褂子（上衣）。有一天她穿出來到街上，被大爺的小女兒，當時只有十三、四歲的小姑看到了。小姑舊物重逢感到驚喜，脫口而出：「這是我嫂嫂的褂子！」並沒有任何其他的意思。可是這句話聽到那位新貴女士的耳朵裡，傷了她的自尊心。她一把鼻涕一把眼淚地向幹部哭訴說，她受到了地主的羞辱，再也不敢穿那些分來的衣服了。幹部要為她出氣，藉機把小姑作為犧牲的羔羊，向我們家族提出嚴重的警告。他們召集全村的人開會，要當著大眾的面，剝光小姑的衣服，好好地教訓她。大爺苦苦地哀求幹部說，讓他來替女兒受罰，千萬不要當眾脫光了一個年輕女孩子的衣服。幹部不理，硬是強行剝掉了小姑全身的衣服，只剩下了一條短褲，用粗繩子狠狠地抽打了她一頓。更不幸的是勤子哥在參軍後的第一場戰爭就被打死了，那麼好的一個半大男孩子，就這麼被騙去白白地犧牲了。

言歸正傳，大爺跟我們一起住在四合院裡，跟我們一樣每頓飯都吃包穀餅和大蒜頭。大爺一到，大伯父就去通知延桂大伯說大爺已經到了煙台，延桂大伯聽了很吃驚，託人帶口信來要大爺立即回去，不肯親自來見大爺，因為他深怕留在鄉下的其他家人，會因為大爺的出走，而遭到像婆婆和我們母子在父親走後的同樣命運。在煙台住了一段時間，大爺還是聽兒子的話，心不甘情不願地回鄉下去了。不久爺爺從天津回來，知道了這件事，很不以為然。他說如果他早幾天回來，一定會把大爺留下來，他吃什麼，大爺就吃什麼（當然不是光吃包穀餅和大蒜頭）。所幸，後來鄉下來的消息說，大爺回去後，幹部並沒有難為他。

外公帶著大舅（姨太太生的大兒子，比我大四、五歲），在一個秋天的上午，來到了四合院。外公說，他們要到煙台碼頭坐船去東北，拿回來他從前留在那裡的東西，路過這裡。他告訴母親說，在我們走後，魏某曾到他家裡去找過母親，魏某對他說母親跑了。外公言外之意，好像母親不該跑了似的，母親聽了很不高興，對外公說，她現在住在別人家裡，不能招待他們，沒有東西給他和大舅吃。他問母親，他能不能把大舅暫時留在這裡，等他從東北回來再來帶他一起回下雨村？母親說，不行。外公和大舅坐都還沒有來得及坐下來，就被母親打發走了。外公一定很失望，我也一樣，多麼希望大舅能留下來和我作伴。我想當時母親的內心也不可能好受。現實是，我們生活在大伯父的屋簷下，作慣大家庭媳婦的母親，深深地瞭解，她必須時時提醒自己要小心、安分，就是一個包穀餅，也不能隨便慷大伯父之慨，尤其是招待自己娘家的親人。這是母親的無奈，不是寡情。

秋後局勢不好，有消息說國軍要撤離煙台到南邊去打仗，許多人在準備逃難，大伯父也在考慮。大伯父雖然有兩個太太，但是膝下只有珠姐一個女兒，是我大媽所生，比我大一歲。我大媽常常罵小大媽說她是個命中註定無兒無女的掃把星，都是因為她，剋得連我大媽也不能為我大伯父生個兒子。小大媽認為如果真要逃難，兩房必須住在一起，大媽絕對容不下她，因此她要下堂求去，和我大伯父分手。記得那天下午小大媽就要走了，爺爺、小大媽和大伯父坐在院子不知道談論些什麼，大伯父在那裡哭泣。小大媽離開大伯父後，嫁給了一個軍人，很可能是常到家裡來的軍人朋友之一。在國軍撤離煙台前，她曾帶了幾條魚，回來四合院探望過四嬸和我們母子一次。

國軍要撤離煙台的風聲越來越緊，大伯父想不出可行的逃難計畫，父親在前線打仗，沒有他的消息，母親急得像熱鍋上的螞蟻，我跟著她到處去找熟人尋求逃命的辦法。我舅舅孫文亭是母親的堂弟，外公哥哥的獨生子。外公兄弟倆在沒有分家以前，外公哥哥在家種地，外公出外做生意。分家以後，他哥哥把分到的錢都買了地，他去世後我舅舅繼承了他的產業，因而在共產黨來了以後，舅舅變成了地主，遭到了清算鬥爭，他獨自跑來煙台加入了國軍部隊。我常跟母親去舅舅的營房大門口，請衛兵把舅舅叫出來，母親和舅舅站在路邊談一陣子。舅舅也始終想不出好的辦法來。母親認識一對夫妻（很可能是母親娘家的親戚），離我們住得不遠，情況跟我們相仿，也是從鄉下逃到煙台的。母親常去找他們商討，他們也很焦急，也想不出什麼妥善的辦法。有一次他們對母親說，如果實在走不掉，他們會上吊自我了斷，省得被捉回去活受罪，最後仍免不了一死。這當然不是母親想要的辦法。

還是大伯父有辦法。在國軍撤離煙台的前夕，他的一位軍官朋友告訴他說，他們的部隊很快就要開去蚌埠打仗，眷屬會先送去青島。他建議大伯父和四叔暫時加入他們的軍隊，這樣全家的婦孺老幼就可以跟著去青島，等部隊到了蚌埠，他再設法讓大伯父和四叔離開軍隊。大伯父認為這個安排非常好，於是他和四叔穿上了軍裝，加入了李彌將軍的國軍部隊。

撤退的那天，大媽裝了六個大柳條箱子的行李，外加兩個籃子。爺爺、母親和四嬸忙著來回家裡和碼頭扛箱子。大媽和我各在胳臂上拐了一個籃子，大媽的籃子裡還放了一個裝滿熱水的熱水瓶。母親問她為什麼不帶一些值錢的東西而要帶一瓶那麼重的水，大媽說她擔心大伯父晚上渴了要喝水（我明白了為什麼大伯父一個星期在小大媽這邊住三天，在大媽那邊住四天）。在往碼頭的路上，大媽走在前頭，我跟在大媽的後頭，妹妹拿著爺爺的煙袋跟在我的後頭，天下著雨，籃子很重，我越走越走不動，落後大媽的距離也就越拉越遠，我和妹妹都在哭，大媽懷孕在身拿不動兩個籃子，回過頭來跟我說，放在地上不要了。我照著大媽的話去做，有個在路旁屋子裡望著我們看熱鬧的年輕女孩欣喜地跑出來提了回去。

天黑了我們才上了船，在碼頭的燈光下，看到有許多人在大雨中拚命地試圖從船的側面爬到甲板上來，不少人跌到海裡，真慘！

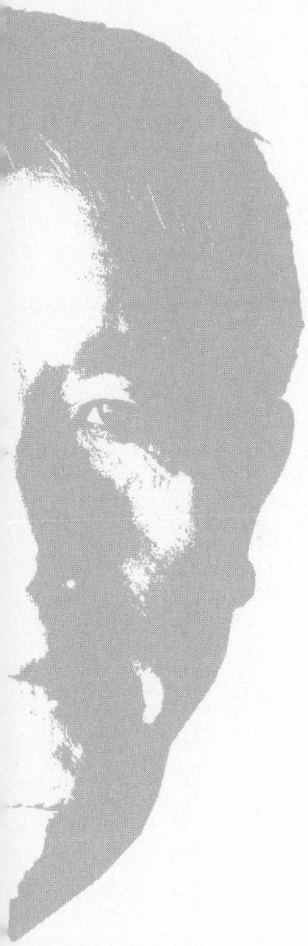

10

東鎮小樓

船在早晨到達了青島，那天天氣很好，綿海爺和延桂大伯在碼頭上等我們。爺爺要和四嬸及母親去扛行李，他請綿海爺先帶珠姐、妹妹和我三個孩子去吃早飯。綿海爺從市場攤子上買來了包穀餅，帶我們三個到一座空曠的大院子裡去坐下來吃。那大院子有高圍牆圍著，像是一間停業的工廠。在那裡我看到大媽坐在離圍牆不遠，鋪在地上的一條被子上休息。大媽在那天稍早流產了，流掉的是個男孩子。大媽看起來還很平靜，我想她心裡一定很難過，好不容易懷了個兒子，卻在逃難的顛簸中流掉了。從那以後，大媽未曾再生育過。

中午我們跟著部隊其他的眷屬住進東鎮一棟兩層小洋樓的頂樓，頂樓地上鋪了光滑的木頭地板，我不記得有多少家眷屬在那裡打地鋪。各家靠著牆腳並排地把鋪蓋卷朝屋子的中心攤開來，鋪蓋與鋪蓋緊靠在一起，中間幾乎沒有什麼空隙。各家吃飯睡覺都在自己鋪蓋卷占的那塊地方上。我們家由於人口多，分到了一進門左手邊盡頭的牆角，爺爺把帶來的六個大箱子頂著牆邊疊起來作成一道牆，大媽和珠姐睡在箱子和牆角的中間，其他的人睡在箱子靠門這一邊。屋子中間空出來的一大塊地方，作為各家進出的過道和小孩子玩耍的地方。出了頂樓的門往右是樓梯口，露天的樓梯靠著外頭的牆斜斜地直通大門口。出入不須要驚動樓下的人，很是方便。

出了大門往右手邊一走就是個大市場，賣各色各樣食物的攤子琳瑯滿目，應有盡有。爺爺是一家之主，在離開煙台的時候向大伯父要了一筆錢作為全家逃離的盤纏，大媽有大伯父給她的私房錢，母親和四嬸則是一文不名。爺爺每天買包穀餅給大家充饑。爺爺和大媽母女受不了光吃包穀餅，他們常自己在外頭買饅頭吃，四嬸和我們母子則沒有這樣的選擇。有一次我們無意中碰到了大媽母女在樓下的樓梯口旁吃饅頭，大媽覺得不好意思，分了一塊她手裡的饅頭給我。爺爺則偶而帶我一起去，記得最少有兩回，爺爺和我倆並排坐在小吃攤子的板凳上，吃饅頭和煎魚。

很可能是因為徐蚌會戰戰地通訊斷絕，同住眷屬的丈夫們無法給她們匯生活費，因而她們大部分的經濟情況都不太好，身上的錢很快就花光了，有些人只好把帶來的衣服拿到市場上去擺地攤賣了，用賣來的錢買東西吃。有個年輕的單身太太乾脆下海當妓女，她每天晚上出去，第二天早晨回來，路過市場，買些好吃的東西帶回來小樓吃，讓很多饑餓的人看了眼饞。替妓院拉皮條的是一對原本派來照顧眷屬，兩人都穿軍裝的年輕夫婦，他們不斷地慫恿別的單身年輕太太也一起下海。這種公然誘良為娼，從中謀利的行為，激怒了派來照顧眷屬的其他三個軍人。有一天下午那三個軍人召集所有的眷屬回到小樓上來，各家坐在自己的鋪位上。那對穿軍裝的年輕夫婦，妓院的女主人和她的兒子，以及那三個軍人從門外走進來，站在屋子中間空出來的那塊地方上爭吵。不知道他們為了什麼，突然打了起來。那三個高大魁梧的軍人抽出腰上的皮帶，一折為二，用有銅扣的一端，圍著那個年輕的軍人丈夫和妓院女主人的兒子，猛力地抽打。兩個年輕人被打得十分悽慘，尤其是那個妓院主人的兒子，他有如被獵人圍住的驚恐小鹿，不停地在地上閃躲、痛哭和哀求，皮帶如下雨般瘋狂地朝他打下來，整個頂樓的地板都在震動。他那嚇慌了、站在一旁哭泣的母親教他趕快向那三個軍人下跪，答應馬上回去叫他父親來解決問題，這才停止了這場駭人的全武行。在場所有的小孩子包括我自己都嚇哭了，那場暴力的陰影，一直留在我的腦子裡，至今揮之不去。

全武行的鬧劇剛過去不久，另一件很不幸的事情發生在我們的身上。一天不知道為了什麼事情全家都出去了，事後回來一看，我們的鋪位面目全非，從煙台帶來的六個箱子有四個不見了，剩下兩個的其中一個也被打開了，裡頭的東西少了一半。這六個箱子裝的都是我大媽從煙台家當中精挑細選出來較為值錢的衣物，預備在逃難中手頭短缺時可以變賣，或是最好有一天再跟著國軍帶回煙台去。沒有想到在光天化日之下，竟會發生這種事情，全家都感到莫名的吃驚和意外。問問樓上的其他人，每個人都表情冷冷地說不知道。這明擺的是件集體盜竊的內賊勾當，準定是在場的每一個人都有份。他們覬覦那幾個箱子一定很久了，今天才找到了下手的機會，要不是我們早回來了一點，很可能一個箱子也不會給我們留下來。我們家的人實在太天真和大意了，在那亂哄哄的時期，女娼男盜對這些人來說根本算不了怎麼一回事，事後我們除了傷心和懊惱，根本無處可以投訴。

沒有過多久，住在小樓的眷屬突然解散了，全部都離開了那裡。原來神氣活現管理眷屬的那幾個軍人，變得垂頭喪氣有如喪家之犬。很可能是因為徐蚌會戰打敗了，部隊有了巨大的變化，他們失去了依靠。其他的眷屬去了哪裡，有沒有人去會合李彌將軍的剩餘部隊一起到雲南，我不知道。我們自己家則是搬去了在遼寧路新開的一家難民所。

11

遼寧路難民所

難民所的所在地是一座舊的停業工廠，不知道原先是生產什麼的，所有的機器、設備和家具都搬走了，只剩下空房子。工廠的大門和大門兩側的高圍牆靠著遼寧路的人行道，一進大門是個大院子，院子的盡裡頭是一棟長方形，橫跨整個院子的大廠房，所有的難民都住在這個廠房裡。從廠房進出院子的唯一大門是在廠房靠院子那一邊的正中間，廠房裡頭鋪的是水泥地。像在東鎮小樓上一樣，難民沿著牆邊一個接一個並排的在冰涼的水泥地上打地鋪。因為湧進來的難民太多，又在廠房中間空出來的地方，頭頂著頭並排了兩排地鋪。在廠房邊上的地鋪和廠房中間的地鋪之間留有走道，讓裡頭的人可以方便地出入。我們因為早去了一步，選擇了進門右手邊盡頭靠前面的那個牆角落，這裡比別的位置要隱蔽安靜些。或許是因為我太小，很多事情不知道，在我的記憶裡，廠房裡住的難民雖然很多，好像大家都還能相安無事，不記得發生過大聲爭吵或拉扯的不愉快事件。

唯一記得髒亂不堪是它的廁所。走出住的廠房大門，廁所在院子的左手邊，由於使用的人太多又缺少人打掃，茅坑的周圍全是糞便，根本沒有站腳的地方。小便還可以在外頭找個隱蔽的牆角解決，大便則必須到廁所裡頭來，如廁的人乾脆蹲在乾淨的地方排泄到茅坑外頭來，時間一久糞便都蔓延到廁所外頭來了。幸虧冬天天冷，才不至於臭氣四溢到住的地方去。

出了難民所的大門口是遼寧路高起來的人行道，沿著人行道往右走不遠是一個繁忙的交叉路口，路口的中心建了一個圓筒形的高台子，有輪班的交通警察站在上頭指揮交通。那交通警察不停地揮舞他的雙臂，在原地做三百六十度的旋轉，指揮過往的車輛。他望著來車手臂一指，來車就乖乖地順著他指的方向開過去，我越看越覺得不可思議。那時候還不知道車子會打方向燈，心想那個交通警察怎麼知道那輛汽車要往哪個方向去？要是那輛汽車不想往那交通警察指揮的方向去又該怎麼辦？這個問題一直困擾著當時的我。我最喜歡站在遼寧路的人行道上觀看交叉路口過往的車輛，最令我感到新奇的是美國第七艦隊美軍開的十八輪大卡車，龐然大物在眼前呼嘯而去，煞是威風。偶而也會看到摩登的美軍眷屬穿著顏色鮮豔的衣服，開著流線型的敞篷轎車，從交叉路口穿梭而過，特別的顯眼。看到最多的還是那些當地高級人士坐的各式各樣的轎車，我印象中最深刻的是一對年輕夫婦開的一部樣子很特別的小汽車，很像是後來六〇年代曾在美國流行一時的德國國民車廠出產的甲蟲車。那對夫婦衣著入時，氣質優雅，顯然是來自青島的上流社會。

在難民所裡又是另一番景象。那年青島冬天的天氣很好，幾乎每天都是豔陽天，下午難民所牆外遼寧路人行道上的露水晒乾了，許多無事可做，尤其是上了年紀的難民坐在那裡，背靠著牆晒太陽、聊天，互道他們各自逃來難民所的辛酸史。我永遠不能忘記一位留花白鬍子、年紀和爺爺相仿的老先生告訴爺爺他的悲慘遭遇。他說他的家境不好，他老婆在兩個孩子很小的時候就去世了，他一個人辛辛苦苦地把一男一女拉拔大。共產黨來了，他的兩個孩子都當了幹部，而且分別當上了男女幹部的頭。有一天他坐在家裡靠窗口的地方，看到外頭幹部鬧得實在太不像話了，他自言自語地說了句看不下去的氣話，他說：「你們這些混帳東西，不要太得意忘形，國民黨很快就要來了，等著看國民黨來了怎麼收拾你們。」這句話被窗外路過的一個幹部聽到了，回去打了報告，幹部們當晚開會決定由老先生自己的一兒一女親自活埋老先生。散會後他的兒女回來告訴他這個壞消息，他以為這只是嚇嚇他，等過幾天幹部氣消了也就忘記沒事了。不料過了兩天，他的兒女告訴他，期限已經到了，他們倆必須馬上活埋他。他的心一涼，對他的兒女說，如果一定要活埋，他要他的兒女把他埋在自家的墳地裡，死後和他們的母親及祖先們在一起，他的兒女答應了。於是他帶了香、紙，他的一兒一女拿了鋤頭，一起去了他們家的墳地。他選了個地方，他的兒女開始挖坑，他則到每一個祖先的墳前燒香、燒紙、叩頭。等他祭祀完了祖先，他的兒女也把坑挖好了。他的兒女要他跳進坑裡去。他跟他的兒女說：「你媽在你們很小的時候就走了，我一個人把你們兩個帶大，現在我也要走了，希望在我走之前，你們兩個能跪下來給我叩個頭。」老先生站在洞旁，他的兩個兒女將手中的鋤頭交給了他，並排跪在他的跟前，當兩個人彎下腰，前額叩在地上的時候，他揮起手中的鋤頭狠狠地打在他兒子的後腦上，他的女兒驚嚇得大叫，本能地要站起來，他又一鋤頭打在他女兒的腦袋上。老先生埋了他的一兒一女，自己跑到青島難民所來。

離開難民所後再也沒見過老先生，其後的許多年我都一直為老先生的安危而擔心，希望能有奇蹟出現，讓老先生安度他的餘年。

當時青島有好幾十萬難民，如果沒有特殊的本領，想要找一份糊口的工作是一件很困難的事。睡在我們鋪位斜對面的一位難友在碼頭上當搬運工人，這很可能是靠關係才找到的工作。另一難友擁有特殊的工具和技術，他把空的五十加侖汽油桶切割成一塊塊的鐵皮，然後把鐵皮敲打成炒菜的鍋子，拿到市場上去賣。可能銷路還不錯，每天都聽到他在院子裡鏗鏗鏘鏘地敲打。我們家全是老弱婦孺，沒有適合我們能做的工作，加上煙台帶出來可以變賣的值錢東西幾乎全在東鎮小樓丟失了。坐著吃，山都會被吃空，更何況是爺爺和大媽身上帶的那點錢，因而我們全家七口的生活很快就陷入了窘境，連包穀餅也吃不起了。本來分得的口糧就很少的母親和四嬸要更加縮減開支，她們拿到的那點飯錢僅夠她們買一點地瓜葉，一點便宜的高粱粉，一點柴火，借別人的鍋子煮幾碗地瓜葉高粱粉糊塗粥，兩個人分著吃。鍋子的主人看了可憐她們，稱她們吃的是「餓不死人」的飯。

我們有了父親的消息。父親來信說他們的部隊現在駐紮在青島附近的薛家島，眷屬住在河馬石，要全家離開難民所搬去河馬石。爺爺不認為父親有養活我們全家人的能力，因此他要我們母子三人單獨去。其他的人仍留在難民所等候大伯父從上海到來，這樣可以減輕兩邊的負擔。於是我們捲起了我們的鋪蓋捆，由爺爺扛著送我們母子去河馬石。

12

河馬石

河馬石是青島郊外的一個小農村，距離遼寧路難民所不怎麼遠，走路就可以走得到。那天爺爺送我們去，因為妹妹太小不能跟著走遠路，加上又有行李，我們還是坐了一段路的車，我不太記得是什麼車，好像是火車，只記得人很多，亂哄哄的。我們在午後到達了河馬石，因為地方小，順利地找到了眷屬管理員，更高興的是能與幾個月前在煙台三馬路分別的延書叔一家重逢，他們早些天就到了。看到延書叔一家，有了伴，母親原先緊張的心情放鬆了下來。

由於我們去得太晚，適合住的空房子都被先到的人家住滿了，眷屬管理員好不容易替我們找到了一間人家存放雜物的空房子。那間空房子裡頭暗暗的，有一個炕，由於太久沒有人住，或是從來就沒有人住過，到處都積滿了很厚的灰塵。爺爺和母親清理了半天，仍然很髒。母親說實在沒有辦法，也只好將就了。

把行李放在炕上，我們走去拜訪延書叔一家，他們住在同一條胡同的盡頭，房子坐北朝南一排三間，中間是廚房，廚房的東西兩旁是臥房。他們一家六口同住在東邊的那間臥房裡。一位賀大娘（也可能是郝大娘，魯東話賀、郝同音）帶著她的小兒子和小女兒住在西邊的那間。當他們知道了我們的困難以後，賀大娘說，如果我們母子願意，可以跟他們一家擠在一個炕上。真是求之不得，太好了。爺爺幫我們把行李搬過來，很放心地回遼寧路難民所了。

賀大娘四十歲出頭，牟平縣的近鄰文登縣人，有深度的近視，看東西要拿得幾乎貼在眼上才能看得清楚，孩子們常取笑她。賀大娘說賀大爺在牟平或是哪裡上錯了船，被載到八路（共產黨）那邊去了，如今下落不明。她有四個兒子和一個女兒，大的三個兒子和我父親在一個部隊裡當兵，身邊的是小兒子叫賀永，比我大一歲，女兒我忘了她的名字，年齡跟我妹妹差不多。加上延書叔家的國蕃弟和他的妹妹，在這個連廚房總共三個房間的小屋子裡，有六個年齡相仿的孩子玩在一起，充滿了嘻笑和歡樂。賀永、國蕃還有我三個男孩常結伴到野外去拔燒飯用的枯草，撿拾田裡在包心菜收割後丟棄不要的菜根、菜葉拿回來煮熟吃。不做這些事情的時候，我們會坐在院子裡，仰看各式各樣的飛機從頭頂上連續不斷地飛過去，算算它們有幾個頭（機身加螺旋槳），最令我們興奮的是看到五個頭的大飛機。

父親部隊駐防的青島周圍屬於當時的即墨和其鄰近的縣，是不是就是戰國時代田單復國的即墨，我不清楚。該地方土地好像很貧瘠，主要的農作物是地瓜。當地人終年吃的是地瓜或把地瓜切成片，晒乾了的地瓜乾，繳糧納稅的也是地瓜乾，因而我們的配糧也只有地瓜乾。眷屬大人每人每月二十斤，小孩子十斤，沒有其他任何的副食品。沒有油水，光靠吃這些配給的地瓜乾無法填飽肚子，必須靠野菜，農人遺留在田裡的老包心菜葉和其他任何可以填肚子的東西來補充地瓜乾的不足。有一次我在田埂的邊上挖了一串像小馬鈴薯似的白色球根帶回去，母親說那是鬼子薑，可以醃來吃。因為當地人不吃，所以很容易挖得到，母親隨時要，我隨時去挖。我和妹妹都覺得不好吃，不肯吃。

過了沒有多久，眷屬管理員給我們申請到了難民證，我們可以憑它到青島特別為難民設立的粥站去領稀飯。每天清晨一大早，母親、賀大娘和延書孀結伴走去位於青島滄口的粥站，大人證發給一大勺子，小孩證發給半大勺子。稀飯還很濃，不是像電影上那樣稀稀的米湯。領回來的稀飯配著地瓜乾一起吃，生活有了改善。

搬來河馬石不久，爺爺來看我們，看到我們的日子過得實在太辛苦了，決定把我帶回遼寧路難民所去住，這樣可以減輕母親的負擔，我也不用每頓飯都吃地瓜乾。隨爺爺回到難民所沒有多少天，大媽向爺爺抱怨說，他們的日子已經過得夠艱難了，為什麼還要把我帶回去增加他們的負擔？一天下午大媽和爺爺不知道為什麼事在嘔氣，全家都沒有晚飯吃，爺爺要我忍住餓，早點睡。第二天爺爺問我願不願意回河馬石？我說願意。其實我心裡一直在想母親，想妹妹，想我的玩伴，想縱然每頓飯都吃地瓜乾，也還是和母親在一起好。爺爺把我送了回去。

民國三十八年（西元一九四九年）的農曆年到了，年三十，爺爺來給我們送年貨，他帶來了兩斤小黃花魚和一小袋小米。我不記得那年過年我們吃了些什麼。倒是記得很清楚在年初二或初三的下午，母親帶著妹妹和我從外頭回來，在胡同裡遇到了我們剛來要住的那間放雜物房子的女房東。她帶我們到那間房子的門前，打開門上的鎖讓我們進去，從架子上拿了六個包子給我們，兩個有肉的，四個沒有肉的，我們母子分來吃了，過了一個意想不到的好年。

我不確定大伯父是在什麼時候來到青島難民所的，大概是在年前不久。他隨李彌將軍的部隊到達蚌埠以後，他的軍官朋友遵守了原先的諾言，在徐蚌會戰開打之前，讓大伯父和四叔離開了軍隊去了上海。四叔留在上海，大伯父則輾轉來到了青島。

大伯父終究是家裡的棟樑，他來了難民所以後，家人的生活開始上了軌道，首先他買了個煤油爐子，自己可以燒東西吃，不必頓頓飯都在外頭買現成的，或是借用別人家的鍋子。伙食好像也有了一些改善，母親有時候趁早晨領稀飯之便，彎去難民所看望他們，回來還會帶點鹹菜什麼的給妹妹和我。但是經濟上還是十分的拮据。有一天晚上，我忘了我為什麼當時會在難民所裡，外頭有人家剛生了小孩，來雇四嬸去伺候月子。四嬸原是大家閨秀，在逃難中挨餓受凍她可以忍受，現在要她降低身分去當老媽子，對她來說是個難以承受的打擊，我第一次看到四嬸哭了。大伯父安慰她說，出來逃難這是不得已的事，像綿海爺替人家看房子，為了保護雇主的財產，遭強盜用槍打傷了，現在還躺在床上，那也是無可奈何的事。四嬸還是去了。四嬸回來的那天正巧母親和我都在難民所裡，四嬸很高興看到大家，她付了車費，把剩餘的所有工資都交給了大伯父。

徐蚌會戰國軍失敗以後，青島的局勢不穩，難民所裡人心惶惶，有人說要到台灣去，又有人說台灣太貴，一塊榻榻米大小的地方就要一兩黃金，去不起。這時候父親所屬的游擊隊已經加入了第十一綏靖區司令官兼青島行政長官劉安祺將軍統帥的國軍第五十軍，成為正式的國軍部隊。所有住在青島附近的眷屬都要撤到膠州灣外海的靈山島上去。像上次一樣，父親要全家都去。這回是大伯父說，他不認為父親能夠養活全家人，要爺爺和我們母子三人去，如果青島出了問題，他會設法到北平或韓國去。爺爺也不願意跟著父親去，因為大伯父是一個成功的商人，在商界有很多朋友，當時在青島就有人願意出資請他合夥做生意，而父親過去只是一個鄉下普通的農民，現在是一個國軍普通的士兵，哪個兒子可以靠得住是顯而易見的事。不過像往常一樣，爺爺還是要親自送我們母子三人去靈山島。

13

靈山島

農曆正月十五的元宵節過了不久，我們奉命遷去靈山島，爺爺來河馬石幫我們搬家。我們先到遼寧路難民所去辭別大伯父、大媽、珠姊和四嬸，並在那裡住了一晚。母親順便把領稀飯的難民證給了大伯父。第二天的早晨，爺爺、大伯父和延桂大伯陪我們一起到青島小港，坐船去薛家島。爺爺送我們去，和我們一起上船，大伯父和延桂大伯則在碼頭上與我們道別。薛家島是個半島，位於膠州灣出海口的南岸，與在北岸的青島隔海相對，是保衛膠州灣的軍事要地，父親他們的部隊駐防在那裡。在薛家島和父親小聚了數日，然後坐漁帆船去了靈山島。

靈山島是膠州灣出海口以南，黃海裡的一個小島。島呈梨形，北邊窄而南邊寬。整個小島是一座冒出海面的山，不記得有平原。島的山頂是岩石，山坡上開闢了狹窄的梯田，土質很貧瘠，當時春天種植的是地瓜和豌豆。島的周圍沿著山邊靠海散布著至少有六、七個大小不一的村莊，最大的村莊有幾十戶人家，最小的村莊只有兩、三戶，大多數的村莊位於島的西海岸。對外水路交通的碼頭是在島的西北角，鄰近有個大村莊，我忘了它的名字，是島上的行政中心，好像有間學校。我們被分配住在碼頭南邊，西海岸中間一個較大的村莊裡，起先與一對父女同住在他們靠近海邊的三間屋子裡。後來女兒要結婚，我們又搬到山坡上和一個軍人合住在一棟較大的房子裡。

島上的農地有限，全憑人力去耕種，據說當時島上只養了一頭驢。農業的生產不足以養活島上的人口，但是附近海域的海產卻是非常豐富。常聽到當地居民從海裡打上魚來，在街上的叫賣聲：一斤魚換一斤地瓜乾。對我們來說魚固然比地瓜乾好吃，但是遠不如地瓜乾能夠充飢。我們領的地瓜乾不夠填飽自己的肚子，爺爺和母親捨不得拿去換魚。

母親是個孝順的好兒媳，仍然保持著從前二婆婆在老家立下的習慣，每餐給爺爺作小鍋飯，譬如我們母子三人吃地瓜乾，母親會給爺爺煮小米乾飯。為了調劑口味，母親把地瓜乾磨成粉，替代麵粉擀成麵條，和我到退了潮的海岸岩石上，敲打半碗小牡蠣，回家去給爺爺做牡蠣地瓜打滷麵。那年章魚豐收，漁民把一串大的海螺殼，從每一個海螺殼的頂上塞進一小塊切碎的魷魚作餌，然後在傍晚把整串的海螺殼丟進海裡去，晚上章魚爬進海螺殼裡吃魷魚，第二天早晨漁民把海螺殼連章魚一起撈起來。母親不知道是買來了或換來了幾斤新撈上來的活章魚，剁碎了包餃子給我們吃。爺爺吃的是全章魚的餡，我們吃的餡則攙入了野菜。

住在靈山島那段差不多有三個月的時光裡，除了上山拾草給母親燒飯，其餘的時間幾乎都逗留在海灘上跟其他的小朋友們玩。我們在退潮的時候，挖沙堆積成堡壘，再等著看漲潮時候沖上來的浪花把它摧毀。比賽往海水裡丟石頭，看誰的石頭能在水面上飄起來的次數最多。在退潮後露出水面的海灘上撿拾貝殼，拿到岸上來，在架起的小石板上烤來吃。或是坐在沙灘的高處，看來往於青島的大輪船從遠處的航道上駛過。海邊有一個用石頭砌成的小碼頭，漲潮時可以停靠打魚的小船和舢舨。平時沒有船，我和小朋友們站在上面釣魚。我不記得有誰釣到過魚，卻記得有一次我掉到海裡去。那次我們幾個站在那裡手拉著繩子，把繩子另一端掛了餌的魚鉤，垂到碼頭旁邊的水裡去釣魚（沒有釣竿）。看到幾條小魚游過來，我興奮地站到碼頭的最邊緣，伸頭往水裡看，期待那幾條小魚上我們的鉤。正在聚精會神看的時候，一不小心腳底下踩到了一塊鬆動的石頭，整個人掉進海裡去。我一掉落水裡，不自覺地伸直了雙腿，踢到了碼頭邊上的石頭，把我推離開了碼頭。站在碼頭上的其他小朋友們大叫救命，這時候有位在沙灘上工作的漁民聽到了喊叫聲，跳下海去把我撈了起來。我怕回家被母親罵，把濕的衣服脫下來晒在沙灘上，想等晒乾了再穿著回家。不知道誰去通知了母親，母親一會兒就來了，她把一條薄毯子披在我的身上，帶我回家，給我喝了薑湯，要我躺在炕上蓋著被子發汗，不准再出去。她請爺爺去向那位救我的漁民道謝。自然少不了給了我一頓臭罵。

領導父親他們在煙台打游擊的大隊長，新的頭銜是國軍團長，有鑒於所有跟著出來逃難的眷屬都住在附近，下令成立子弟學校，讓部隊弟兄們的孩子接受教育。於是從隊伍中挑選了一位校長，一位老師，召集所有眷屬中的適齡兒童，到靠近碼頭的那個大村子裡開學上課。校長是管理眷屬的喬春樓先生，他曾經在我老家村子裡當過小學老師，那時候爺爺是校長，所以跟爺爺認識。至於那位老師，樣子既年輕又斯文，可惜我忘了他的名字。開學的那天母親慎重其事，一大早就叫我起來吃早飯，替我換了件乾淨像樣的衣服，送我出門去和其他的小朋友們一起走去學校上課。學校裡的學生好像總共只有十幾二十個，也許多一點，我沒有仔細算。年齡參差不齊，有大一點的學生已經上過學，小一點的學生像我、延書叔家的國蕃弟，還有賀永都是第一次上學。大家在同一個教室裡上課，老師發給每個人一塊鑲在木頭框框裡的黑色薄石板，像現在手提電腦的顯示器那麼大，學生可以用粉筆或石筆（一種白色的軟化石）在上頭練習寫字，代替筆記本。記得第一堂課是校長要大一點的學生在自己的石板上寫一個學校的「學」字，然後他檢查每一個學生寫的對不對。那個字二婆婆教過我，我認得，但是筆劃太多了，我不會寫。老師教我們小學生的是數數，那時候大部分的同齡小學生只能從一數到十，而我早已經從小姨那裡學會了從一數到一百，因此上學的第一天就這麼輕輕鬆鬆地過去了。當天晚上所有有學生的家庭都在吃餃子，這是我們家鄉古老的傳統，預祝學生能夠得到老師在作業和試卷上多打像餃子一樣的圓圈圈。圓圈圈的來歷已久，是老師批閱學生的作文或毛筆字時，看到好的辭，好的句子，或是寫得好的字，在旁邊畫上紅色的圓圈圈表示贊賞和嘉許，在我上學的時候仍然沿用著。我不記得在那裡上了幾天學，學到些什麼知識。我只記得山路不平，所有的小朋友都因為摔跤把老師發下來的石板摔破了。我是最後的一個。

民國三十八年的農曆四月底或是五月初，我們接到命令說國軍就要撤離青島，要大家收拾行李，準備上船離開靈山島。在這個緊要的時刻，我們遇到了一個新的麻煩。當初父親他們的游擊隊從煙台抵達青島，決定投靠國軍的時候，他們的大隊長先去找海軍，那時候國府的海軍總司令部設在青島，海軍總司令是桂永清將軍。桂永清將軍說，游擊隊中只有體格適合當海軍的他才要。如果未來從青島撤退，眷屬一個也不能帶。這種苛刻的條件，他們的大隊長自然不肯接受。然後他去找陸軍當時任青島行政長官的劉安祺將軍，劉安祺將軍說，整個游擊隊他都要了。如果要撤退青島，所有的眷屬也一起帶走。於是他們的大隊長帶著他們加入了劉安祺將軍指揮的國軍第五十軍，成為其屬下的一個團。現在真要撤離青島了，不知道是劉安祺將軍本人或是父親他們的頂頭旅長，把原先答應的條件打了折扣：只准軍官攜帶眷屬，士兵的眷屬一律不許帶。當初父親自己買槍、買自行車，參加游擊隊，當傳令兵，為的只是要和共產黨拚命，一心想把婆婆和我們母子從共產黨的手中救出來，等仗打完了，他還是要回家種他的田，賣頭牛還小大媽的債，壓根兒就沒有想到要當官。現在雖然任傳達長，但仍然是士兵，不是官。父親的團長想出了一個權宜的辦法，他讓士兵的眷屬報在沒有眷屬的軍官名下，這樣士兵的眷屬也可以跟著一起走。父親的老排長姜守業叔叔是單身，他答應父親把父親的家眷掛在他的名下，解決了我們眼前的大難題。

在上船的前夕，部隊發給我們每家半袋麵粉。母親把麵粉發好了，烙成餅，準備帶到船上作乾糧，然後全家攜帶行李，到碼頭附近的海灘上去等船。當時到處亂哄哄的，爺爺找不到去青島的船回到大伯父那裡，只好跟著我們一起走。

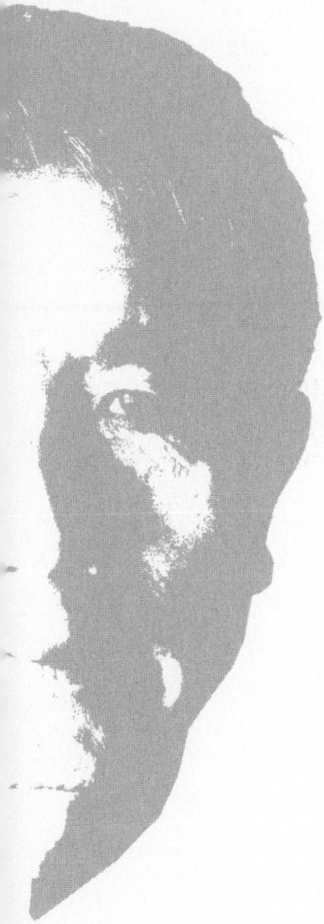

14

萬民號

全團的眷屬都攜帶了自己的行李，集合在靠近對外交通碼頭的海灘上，等候來接我們的船。我站在海灘上，望著遠處的航道，第一次看到那麼多，大大小小，各式各樣的船隻，間雜著海港當局的拖船、駁船和一些不知名的船，一艘接一艘經過靈山島西邊的水域往南駛過去，非常地驚奇。過盡千帆皆不是，我們在海灘上等了兩天兩夜，仍然看不到要來接我們的船。航道上南下的船越來越少，似乎所有要離開青島的船都走光了，大家的焦慮到達了頂點。第三天的午後，突然有人發現在遠處有一艘大船向我們的方向駛過來，等船駛近了，看到甲板上有人向我們揮手，大家懸在空中的心才放了下來，接我們的船終於到了。船太大靠不上碼頭，停泊在離岸的深海裡，由小汽船接駁我們上去。小汽船的船身隨著引擎的咚咚聲不停地在震動，坐什麼船都暈的母親居然不暈小汽船。

船叫萬民號，是一艘大型的登陸艇。因為船艙裡先前已經住滿了兩個團的部隊，上船以後我們被安置在船頭露天的甲板上，與停放在那裡的卡車和替高級軍官飼養的馬匹作鄰居。船緩緩地駛離了靈山島，緊繃的神經鬆緩了下來。坐在甲板上，清涼的海風徐徐吹來，讓人沉醉，我不覺躺下來睡著了。一覺醒來，發覺天在下雨，母親和妹妹頂著被子在躲雨。船正駛進了颱風圈。跟著來的我只記得天黑風大，兇猛的海浪打到甲板上來，船搖晃得很厲害。平底又超載的登陸艇禁不起大風大浪的衝擊，船上曾一度告急，高級官員下令把救生艇從高架上放了下來，預備在船沉的時候逃生。很幸運地船沒有沉風就停了，據說船長計算了一下當時船所在的地理位置，發現航行了一天一夜，不只是沒有前進，反而倒退了好幾海浬。

風雖然停了，雨還在斷斷續續地下。這一場風雨把我們所有的行李都泡在水裡，人也都變成了落湯雞。令爺爺心疼的是他那件價值不菲的上好皮襖，泡水以後裡頭的毛全脫落了，整件皮襖報廢了。為了躲雨，父親單位的弟兄們在艙底下擠出一個空位來，讓爺爺與我下去和他們住在一起。艙底下不透風，很悶熱，父親的弟兄們只穿內衣和短褲，不方便也沒有地方讓母親和妹妹去，母親仍然帶著妹妹留在露天的甲板上。母親暈船暈得很厲害，船剛開她就暈得不能動彈，颱風中船的猛烈搖晃更使她把胃裡所有的東西都吐了出來，她不吃，不喝，一直躺在濕漉漉的甲板上，動也不能動。六歲不到的妹妹乖乖地守著母親，一點聲音也沒有，我都忘了她的存在。其他好幾十家同在露天甲板上的女眷，處境也跟母親一樣。大家淋著雨，各自聽天由命，一起逃這場名副其實的「難」。有兩位懷孕的母親，受不了狂風暴雨與驚濤駭浪的折磨，在船上難產了。一位母親在難產中熬不過來，去世了，孩子幸運地活了下來；另一位母親好不容易活了下來，孩子卻在難產中夭折了。死去的母親和孩子，都被拋到大海裡去了。

船在雨中抵達了台灣的「雨港」基隆港，獲准停泊在港灣內。船靜止不動了，母親不再暈船，可以勉強站起來活動。父親被派到岸上去為他的單位採買，趁便自己買了一些餅乾帶回來給我們。船的四周有當地的小販划著小舢舨兜售香蕉。大家在北方從來沒有看見過這麼價廉物美的香蕉，加上暈了幾天船之後有了胃口，紛紛向小販購買。在船上的人放一塊銀元在一個柳條編的籃子裡，在籃子的提手上綁一根長繩子，手拉著繩子，慢慢地把籃子放下到在船旁的小舢舨上去。小販取出銀元，放一大串足足有十斤重的香蕉在籃子裡，船上的人再把籃子拉上來。每個單位都在購買香蕉分給自己的人和眷屬吃。母親吃了餅乾和香蕉，體力恢復了不少。這時候我舅舅，就是母親和我在煙台時常去他部隊找他的母親堂弟孫文亭，上到甲板來找到了我們。母親還以為他們的部隊隨著李彌將軍去打徐蚌會戰了，沒有想到會在這裡碰到他，說不出的意外和驚喜。原來早先在青島上船的那兩個團，一個是父親所屬的四四〇團，一個是舅舅所屬的八〇八團，都是從煙台來的部隊。我不清楚這兩個團為什麼會最後坐在一條船上離開青島。天還在間歇地下著雨，母親開始處理多天來泡在雨水中的行李，她分批把濕的衣服扭乾了，讓父親和舅舅拿到艙底下掛起來晾乾，晾乾了再收到父親那裡放起來。把濕的被子擠出裡頭的水，拿到艙底下有個通風的地方，去與別家排隊，輪流把它掛在拉起來的繩子上，由船上的電風扇吹乾。

船在基隆港停留了一個多星期，幾經交涉，台灣行政長官陳誠先生就是不許我們上岸。船上的眷屬淋雨挨餓固然苦不堪言，軍隊的日子也很難過，首先由於人數太多，煮飯的電鍋嚴重不足，每個單位分到的一小段時間必須嚴格遵守，一秒鐘都不許超過。最常見的食物是燒開一鍋熱水，把預先扯好有如餛飩大小的麵團丟進鍋裡去，花幾分鐘時間煮熟了，連麵團帶水一起帶回單位分給弟兄們吃的「麵疙瘩」。這種煮在水裡的麵團，稱為「麵疙瘩」的，偶而吃一次還很不錯，連吃幾次就膩了。父親單位燒飯的大師傅是我們家的遠親，有一次他要燒魚和煮米飯給大家打牙祭。他把魚先燒好拿出來，再把洗好的米放進鍋子裡去，水剛燒開時間就到了，硬是被逼著把沒有煮熟的飯從鍋子裡挖出來。單位的弟兄們很理解他的苦心，沒有人抱怨，他自己氣得吃不下飯。他給了我一碗生飯和一塊魚，我覺得挺好吃的，比啃又冷又硬的乾糧強得太多了。

高層協商的結果，我們還是不能留在台灣。舅舅所屬的部隊被派去廣州，我們去海南島，什麼時候跟舅舅他們分開的我不記得了。在去海南島的路途上倒是風平浪靜，豔陽高照，所有的被褥衣服都晒得乾乾軟軟的，人也舒服多了。雖然母親仍然暈船，仍然躺在甲板上，但不用淋雨，甲板是乾的，有我陪伴在她身旁，作她的跟班，聽她的指揮，她也舒服得太多了。途經香港外海，有許多人到甲板上來看香港，從遠處看，當時香港只是一個不起眼的小島，沒有什麼看頭。

不知不覺就到了海南島的榆林港。榆林港在海南島的最南端，是個深水港，船直接靠上了碼頭，船頭像兩扇大門似的打開，船艙的地面和碼頭的地面呈現在同一個水平面上，船艙裡的車輛可以直接開到碼頭上去。要上岸了，我異常地興奮，迫不及待地與別的小朋友爭著從甲板下樓梯，到船艙去上碼頭，不慎從樓梯上跌落到船艙的地板上。我一定是昏過去了，有人把我抱回到甲板上，因為我醒過來的時候，竟吃驚地發現自己怎麼又睡在原先睡覺的地方。爺爺在我旁邊收拾東西，看到我醒過來了沒有什麼事，讓我自己走下船艙到碼頭上去。走出萬民號的船頭，看到母親和妹妹在碼頭上等我。南國帶著椰子芳香的暖風吹在身上，感到特別的舒服。

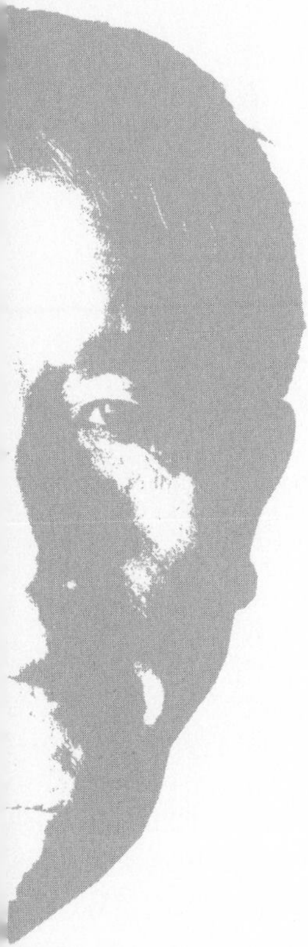

15

海南島

民國三十八年的農曆五月中旬，萬民號把我們送到了海南島的榆林港。早晨我一個人從船艙中走出來，母親和妹妹在碼頭上等我。因為稍早我曾從甲板到船艙的樓梯上摔下來，母親擔心我受了傷，遞給我一件毛衣外套，要我穿起來坐在行李上不要亂跑。毛衣的口袋裡有幾塊銀元，母親要我看好不要掉了。其實我除了背和腰活動起來感覺有一點痠痛，其他並沒有什麼不適。不過我還是聽從母親的話，坐在放在碼頭的行李上。天熱，我把毛衣放在腿上，手握住那個放銀元的毛衣口袋，母親帶著妹妹去忙別的事了。

部隊在早晨下了船以後，隨即整隊行軍去一個叫紅沙的城市。團部管理眷屬的喬春樓先生要眷屬先留下來，在碼頭上生火燒飯，等吃了午飯，部隊在紅沙稍微安定下來，我們再走。母親趕忙煮稀飯給我們作午餐，飯後收拾好鍋碗，我們和其他的眷屬一起步行去紅沙。榆林港碼頭到紅沙並不很遠，沒有費多大功夫就走到了。到了以後，妹妹和我跟著母親和爺爺去找父親所屬的單位。五十軍除了我們這個團，還有其他幾個附屬單位前後來到了紅沙，突然間湧進來這麼多的軍隊和眷屬，住是一個很嚴重的問題。大街上有一戶在市場賣肉的人家，騰出一部分房間來，讓父親單位部分的人住進去。就像在船上一樣，等我們到了，屋子裡頭早已經擠滿了軍隊，沒有多餘的地方可以讓我們住。在屋子的後面有個寬敞的院子，裡頭有兩個棚子，一個是接著房子的屋簷邊向後伸展出去，棚頂是用椰子樹葉簡單搭成的，底下有張床，大概是房東夏天乘涼的地方；另一個較為堅固永久性的棚子搭在院子的中央，是房東的廚房。單位要我們一家先暫時睡在後院的棚子裡。母親、妹妹還有我，睡在靠屋簷下的那張床上。他們替爺爺找來一張折疊的行軍床，晚上爺爺把行軍床打開來睡在廚房的棚子裡。有一天半夜裡下雨，母親被棚頂漏下來的雨水淋醒了，她趕忙叫醒妹妹和我，一起把行李搬到爺爺睡的棚子裡，那夜我們母子三人睡在廚房的長桌子和長凳子上。在那裡沒有住多久，房東家裡有人要結婚，原先準備的新房被父親單位的軍隊占了去，房東退而求其次，想把我們母子睡的那個棚子改建為新人的洞房，希望我們能騰出來。這時候正好團部或是軍部為我們找到了一個新的住處，要我們與其他家眷屬一起搬過去。

新的地方座落在另外一條通往郊區的大街上，前後至少有兩棟房子，中間有走道相連。我們住的是前面靠大街的那一棟，房子有上下兩層，樓上住的是五十軍某單位一位高級軍官的家眷和隨從，樓下有延書叔一家六口，我們家一家四口，還有麻臉的尹家婆婆帶著她的小孫女，一起住在一個沒有隔間的屋子裡。海南島瘴氣太重，不能睡在地上，爺爺不知道從哪裡找來兩條長凳子，用凳子和木板為自己架了一個高的單人床，母親則和其他兩家一樣用木板和磚頭為我們母子架了一個離地不到一尺的矮床。屋子的中間留出一條通大門的走道來，方便樓上和樓下的人自由出入，整個屋子像是一間小的難民所，談不上隱私和舒適，但是比起睡在敞開的棚子裡要好得太多。房子出大門的左手邊是塊露天的空地，除了樓上那位高級軍官的家眷，母親和其他家，包括後頭那棟房子住的眷屬，平時煮菜燒飯都在那塊空地上。我們住在那裡一直住到那年的年底離開海南島。

在偏遠半開發的海南島，紅沙是一個出奇繁榮的濱海小城，整潔的大街上各色各樣的商店一應俱全。我和我的同伴們常到大街上去逛，沒有錢到店裡買東西，在店外頭看看也很愉快。給我印象特別深刻的是掛在燒烤店門口的烤乳豬，烤得金黃色的豬皮看起來格外令人垂涎。有一天我和國蕃在大街上意外地遇到了他們家在靈山島房東的小兒子，他是被五十軍抓兵抓來海南島的，他鄉遇故知，我們三個人都很高興，分手的時候他給了國蕃和我每人兩個銅板，要我們到糖果店裡去買糖吃。我沒有去買糖而把那兩個銅板帶了回去，並告訴母親在大街上的巧遇，因為母親告訴過我，任何人給我的錢沒有母親的同意我是不能先花的。後來到了台灣再打聽他的下落，他的同鄉說他已經病逝了，戰亂中又添了一件悲劇。離我們住處不遠的地方有一個熱鬧的菜市場，早晨尤其忙碌，除了在棚子裡的固定攤位供應各種新鮮的蔬菜和肉，馬路邊還有鄉下農民挑來的菜擔子，賣自家種的菜。時常看到穿黑色桶裙的黎族年輕姑娘，挑著擔子從五指山區下來賣菜。紅沙的海邊有個很平坦的沙灘，我和我的同伴們常去那裡戲水，巴掌大小的水母漂浮在水裡，隨處都是。退潮後的沙灘上爬著密密麻麻有如拇指般大的小螃蟹，這種機警的小螃蟹一個鉗子大一個鉗子小（招潮蟹），看到人會飛快地鑽進沙灘上自己的螃蟹洞藏起來。我曾把水母和小螃蟹帶回家去，母親說這兩樣東西都太小不能吃。我找不到像在靈山島海灘上的貝殼和牡蠣。沿著海邊有許多把木樁打在海裡、建在半空中的高腳屋，聽說住在裡面的也是一種少數民族。海裡停泊了不少大木船，上面住有人家。

那個時期部隊的伙食和薪餉都很差，有時候連米飯都吃不飽，副食品就更不用提了。父親由於食物中缺少蛋白質，兩個小腿水腫，走路有困難，有朋友出了個偏方，要他吃水煮的黃豆，他吃了五斤黃豆吃好了，可說是對症下了最佳的藥。政府連部隊都供應不起，不可能照顧眷屬。我不記得我們吃的米是父親單位給的，或是我們自己花錢買的，只記得我們買不起菜，每天下午我和我的同伴，在菜市場收市以後，去撿拾菜販丟掉不要的菜葉子，拿回家給母親燒來吃。當地有個殺牛的屠宰場，裡頭的人把去了肉的骨頭，丟進一個大鍋裡頭煮，煮熟的骨頭撈起來放在一個大盆子裡。骨頭去肉去得再乾淨也總會有一些殘留的筋黏在上頭，骨頭煮熟了，黏在上頭的筋會鬆開來，很容易就能用手剝下來。屠宰場的人讓顧客自己去圍著盆子把牛筋剝到自己帶的碗裡去，剁夠了拿到門口去稱重量，依照重量付錢，價錢很公道。在剁的過程中顧客可以自己吃，吃的不算錢。母親每過一段日子就會給我幾個銅板，讓我去剁牛筋，要我在那裡吃夠了，再買幾個銅板的牛筋帶回家。

處於熱帶的海南島，舉目皆是高大婆娑的椰子樹。椰子在當地人的生活中占有重要的地位，到處都可以看得到用椰子樹葉搭的棚子，蓋的屋頂，圍的牆。產量豐富的椰子又大又好，常有人送給我們喝完了汁剩下來的椰子殼，這對母親來說更具有實用價值，貼在成熟椰子硬殼裡面有一層白白的肉，母親把它挖出來給全家吃，嚼在嘴裡味道像花生米一樣的香。後來才知道它含有高單位的飽和脂肪，無意中補充了我們食物中油水的不足。朋友幫她把椰子的硬殼從中間鋸開來，拿來盛東西。椰子的硬殼耐熱、抗磨、難摔破，省了母親買碗的錢。

對當地的情況稍有所瞭解之後，爺爺開始在市場上擺地攤販賣舊衣服，他到榆林港去買批舊的衣服回來，由母親把該洗的洗乾淨，該修補的修補好，爺爺拿到市場上去賣。也有外地來的人把自家的衣服帶到市場上去賣給爺爺，爺爺再加個碼賣出去。有一次有人賣了一雙舊的回力牌球鞋給爺爺，大小正適合我，爺爺捨不得賣，留下來送給我。雖然是舊的，穿在腳上仍然讓我的同伴們羨慕。有一位住在海邊大木船上的老先生看中了一件舊衣服，不想花錢買，願意以一個大南瓜交換，爺爺也答應了他，要我跟著老先生去船上把那個大南瓜扛回家交給母親。爺爺的生意做得還不錯，賺了一些錢，母親用一部分去菜市場買些新鮮的蔬菜和肉，為爺爺做可口的小鍋菜，改善爺爺的伙食，其餘的由父親拿去金飾店幫爺爺換成黃金戒指儲存起來。我們母子還是吃我在市場上撿來的菜葉子和爺爺偶而用舊衣服換來的大南瓜。

那年的中秋節，父親去買了一斤我垂涎已久的烤乳豬，幾個廣式月餅，一些新鮮的豬肉，拿回來給母親包難得一見的肉餡餃子給全家吃。父親還買了酒，母親炒了個菜，切了烤乳豬，給爺爺和父親下酒。雖然那天下著雨，看不到月亮，還是過了一個一生中少數令我回味的中秋節。

到了海南島後不記得過了多久，團部在靈山島成立的子弟學校重新開學上課，母親為我準備了小板凳和書包，送我去跟其他的小朋友一起上學。學校設在紅沙郊外屠宰場用來晒牛皮的場地上。場地上有個用椰子樹葉搭成的棚子，很寬敞，原是工人收集牛皮和休息的地方，學校向屠宰場借來作為我們的教室。全部的學生坐在自己帶來的小板凳上，在同一個教室裡上課，老師輪流教高年級的學生和低年級的學生。我學的是國語和算術，國語用的是當時小學一年級通用的課本，第一課的課文是「來來來　來上學」。打從我有記憶起就記得二婆婆教我認字，但是只是認別人寫的字，從來沒有自己寫過字。有一天老師要我到黑板上寫一個晚上的「晚」字，我先寫右邊的「免」，再寫左邊的「日」，老師說字是寫對了，筆劃的順序不對，我應該先寫左邊的「日」，再寫右邊的「免」。算術學的是簡單的加法，這個我多少得到了母親的遺傳，比別的同學算得又快速又準確，從來不需要數手指，老師不只一次在課堂上誇獎我，說我的算術真好。

學校在中午下課後放學回家吃午飯，午飯後仍有一段很長的休息時間，老師在睡午覺，學生回到學校裡玩。晒牛皮的場地上架設了許多木頭架子，屠宰場把新剝下來的牛皮攤在架子上，用底部有一尺長像釘書機釘子一般的鐵釘釘在木架上晒乾。牛皮晒乾收走以後，取下的鐵釘仍留在架子前面的地上或輕輕地釘在木架上，以備下次再用。不知道哪個學生發現了鐵釘，拿了幾個回到教室裡來玩，其他的學生看了紛紛跟進，引起了屠宰場裡人的注意，跑到教室裡來責罵。我們的班長去報告了校長喬先生。喬先生來到學校，要拿過鐵釘的學生按照拿的多少依次排隊。除了班長幾乎所有的學生都拿了，我拿得少所以排在後頭。喬先生從排頭開始，把學生一個個按在他的腿上打屁股，一個個被打得又哭又叫。輪到我了，喬先生看到我有些吃驚，問我：「你怎麼也跟他們一起胡鬧？」照樣打我的屁股，可是我一點感覺也沒有，顯然是喬先生對我手下留情。放學回家後我告訴母親在學校發生的事，母親說喬先生這次對我手下留情是客氣，下次就不會再客氣了，要我凡事多長點腦筋。果然沒有過多久的一天晚上，一大堆同學在街上玩，大孩子想找人打架，要我們小孩子先去挑釁，向他們要找的對象吐口水，等激怒了對方回過頭來追趕我們的時候，大孩子再以保護我們為由挺身而出與對方大打出手。我覺得情況有些不對，先跑回家去。聽說當天晚上，他們每個人又挨了一頓喬先生的棒子。我還真照母親的話長了些腦筋。

習慣於寒冷氣候的北方人到了熱帶的海南島，已經感受到水土不服，再加上營養不良以及衛生和醫療條件都不好，許多人因而生病了。同住一起的國蕃祖母突然在中秋節過後染病去世了，那年她頂多才五十出頭。母親的腳脖子發了炎，後來惡化到嚴重的潰爛，我每天放學以後到軍部的醫務所去替母親拿藥，母親在就寢以前要把藥撒在傷口上，她才能安穩地睡一晚。有一天醫務所因故不開門，沒有拿到藥，母親那一晚痛得一夜未曾合眼。傷口最終是痊癒了，但是在母親的腳脖子上留下了好幾個永久性的深色疤痕。

由於當地小股土共的騷擾，父親所隸屬的單位曾駐防過紅沙外圍好幾個城市，但是團部和眷屬始終都留在紅沙。那年底，整個團奉命去台灣，眷屬也要跟著一起走，剛安定了下來，母親又要收拾起家當繼續逃難了。這次是往北走，離山東的家近了，在感覺上好像比來的時候要好些。

16

從海南島到台灣

民國三十八年底，父親所屬的部隊奉命從海南島移防到台灣，這次性質上是調動不是撤退，除了當地零星的土共，後面沒有大規模共產黨的追兵，所以走得很從容（國軍在民國三十九年的四月才從海南島撤退）。母親去買了麵粉和糖，回來把糖攙到麵粉裡，發好麵烙成餅，作為我們沿途的乾糧。喬先生將全團的眷屬集合起來，各自帶著自家的行李，從紅沙步行去榆林港。喬先生要學生與其他的老弱婦孺分開來，由老師帶領著單獨行動。我要求母親為我做個小背包，我背了背包跑去跟其他同學排著隊一起走，遠看起來有如一小群流亡的學生。到了榆林港，接我們的船已經停靠在碼頭上，眷屬仍然被安置在甲板上，與上次從青島撤退不同的是，這次在甲板的頂上搭起了一層防水的帆布，如果下起雨來，睡在帆布底下的眷屬不再會淋到雨。船一開動母親又開始暈船，躺在那裡不能動彈，她要我拿她先前準備好的乾糧給妹妹和我自己吃，可是母親做的發麵餅只含糖不含油，放乾了像石頭一樣的硬，根本咬不動，幸虧一路風平浪靜，沒有挨多久的餓，船很快就到達了台灣的高雄港。

我們在傍晚下了船，當晚在碼頭上過夜。母親把鋪蓋攤開來與其他家眷屬並排鋪在碼頭露天的水泥地上，我們母子三人躺在上頭休息。臥看遠處商店裡的電燈，長長的燈管、白白的光，覺得很新奇，這是我生平第一次看到日光燈。在碼頭上足足等了一整天，第二天的傍晚我們才上了往北開的運兵專車。長長的一列火車，車廂全是鐵路局用來運貨物的貨車廂。老師帶領所有的學生擠到一個車廂裡。母親、妹妹和爺爺則與其他家眷屬擠上了另外幾個車廂。車廂裡空空的沒有椅子，老師要我們把背包放在車廂的底板上，人坐在背包上。車廂裡沒有燈也沒有窗子，只有兩旁各一扇拉開的大鐵門，火車開動以後，老師把鐵門拉起來關上，從鐵門的小玻璃窗透進來一些外頭的光。當時火車的鐵軌是一小段一小段接起來的，在接縫處留有空隙作為鐵軌因氣候變化而伸縮的空間，貨車廂沒有防震裝置，每經過空隙處就會鏗噹地顛一下，火車在夜間快速地行駛，車廂顛得很厲害。縱然如此，我們這些孩子還是東倒西歪地睡著了。第二天早晨醒來，火車停在苗栗火車站。老師把鐵門拉開來讓我們出去上廁所，我跟隨其他人趁便接著廁所洗手水龍頭的水洗了把臉，清醒了過來，並在臨近的車廂裡找到了母親、妹妹和爺爺。那天下午火車再沿著山線往南開，在離苗栗兩站的銅鑼把眷屬放了下來，部隊則去了下一站當時叫三叉的三義。

銅鑼是個山明水秀的山城，火車一出苗栗就開始爬坡，穿過一個很長的隧道，當時的火車還沒有電氣化，火車頭的動力全來自於燒煤炭的蒸汽機，馬力有限，一列長的火車必須在苗栗站再多加一個火車頭，一個在前頭拉，一個在後頭推，才能爬得上這個陡坡。坡頂是一個叫南勢的小火車站，過了南勢站又有一個隧道，出了隧道往南不遠，就到了銅鑼地界。銅鑼的西邊瀕臨西湖溪的上游，當地人叫西邊河，河對岸的丘陵地是屬於銅鑼鄉的九湖村。銅鑼的東邊是一排山丘，靠南邊的叫雙峰山，靠北邊的叫牛背山，山丘的背後是後龍溪的河谷，當地人叫東邊河，河谷的對岸是苗栗縣公館鄉的地界。銅鑼鄉的最南端是雙峰山西麓的樟樹村，再往南就是後來以樟木雕刻出名的三義鄉。

那時候銅鑼有兩條主要的街道，一條是在牛背山腰上的老街（中山路），一條是在西湖溪河谷平原上靠近鐵路旁的新街（中正路），據當地老人說，新街是在一九三五年台灣中部大地震之後才建的，是銅鑼鄉行政、商業、娛樂和交通的中心。鄉公所、衛生所、郵局、菜市場、雜貨店、百貨店、文具店、電影院、火車站都集中在新街上，對外通往三義與苗栗的尖峰公路原址也經過新街。老街只有裁縫鋪、鐵匠鋪、木匠鋪等幾家古老的店鋪。牛背山在老街的北邊盡頭地勢較為和緩，有一條往東走下後龍溪河谷的山徑，沿著它可以通到河對岸的中心埔和公館。在那附近老街通往新街的岔路口，有一座建築頗為輝煌，供奉媽祖的天后宮，每年都會在廟前的空地上搭檯子唱幾天戲，銅鑼四周鄉下的居民和小販來這裡趕一場很熱鬧的廟會。當時有剛從大陸來台某單位的眷屬找不到地方住，借住到天后宮裡去，自然影響了天后宮的莊嚴和寧靜，在那個非常的時期，這是一件不得已的非常事，連媽祖也得無可奈何地跟著受委屈。老街和新街的兩旁都是平房，中間是鋪碎石子的馬路，當時銅鑼還沒有柏油路。

我們這一大群老弱婦孺，從銅鑼火車站走出來，沿著新街往北走，然後往東轉向文化路，過了銅鑼最高學府文林中學的大門口，爬上個坡，到達了座落在牛背山腰上的銅鑼國民學校。文化路一直延伸到學校的盡頭，在那裡與從學校北面側門延伸過來的老街相交。一進校門口在馬路的左手邊是辦公廳和教室，馬路的右手邊是個大操場，在操場靠馬路的旁邊剛建了三間新教室，地上的水泥都還沒有乾，就讓我們搬進去打地鋪。我們在那裡住了有個把月，直到過了民國三十九年的陽曆年，學校放了寒假，才又搬到學校裡頭緊靠山邊的三間教室。爺爺和別的上了年紀的家屬住在一個教室裡。母親、妹妹和我，以及其他的婦女和兒童住在另外兩個教室裡。就像在青島難民所一樣，我們一家挨一家地打地鋪，把三個教室擠得滿滿的。學校另外給我們一間在校門口左前方山坡下的獨立教室作為廚房，每家用石頭在那裡架個簡單的爐子燒飯。緊急時也用來作其他的用途，像生孩子的臨時產房，我們老鄰居袁大娘的二兒子居彬就是在那裡出生的。

那段日子過得非常艱苦，政府不發給眷屬任何的配給與補助，我們要靠自己買地瓜和地瓜葉果腹，有時連地瓜和地瓜葉爺爺都覺得負擔不起。天氣開始熱了起來，那麼多的人住在一個教室裡，晚上非常的悶熱，必須開著窗子才能睡覺，窗子上沒有紗窗，大批的蚊子從外頭飛進來，饑餓兇猛。買得起蚊帳的家庭去買蚊帳，晚上大人小孩睡在蚊帳裡，買不起蚊帳的家庭只好讓蚊子咬。在我們家，爺爺去買了一個單人蚊帳給自己，我們母子三人則跟著其餘沒有蚊帳的家庭餵蚊子。有時室內實在太悶熱，母親給我個枕頭和張草蓆，讓我跟隨別人到室外的馬路邊上去睡。早晨露氣很重，經常醒來發覺所有的人都回到室內去了，只有我一個人仍然睡在馬路旁。天熱、人多、生活品質惡劣，眷屬中開始有人生病，最先感染的是些年幼的孩子，在青島河馬石和我們玩在一起的國蕃和賀永的妹妹都在那時候病逝了。才幾天，六個生氣蓬勃活蹦亂跳的孩子，一下子就少了兩個。

陰曆年過後，我們的子弟學校重新開學，借用銅鑼國民學校放學後空出來的教室在晚上上課。母親找來了一個小瓶子，倒進去一些煤油，然後放入一根粗的棉線作燈芯，讓我拿到學校去點燃了照明。大的和小的學生仍然在同一間教室裡上課。教我們的是一位四、五十歲的張老師，他本人好像也是眷屬。我不記得上了多少天的課，有些什麼課程。只記得在開學後沒多久的一天早晨，我要好的一位馬姓同學很興奮地跑來告訴我說，他要隨他的父母搬去台北了。我不知道台北在那裡，但是知道那是一個人人都想去的好地方，當時有辦法一同搬去台北的還有另外幾家，很令我們這些無處可去，不得不留下來的人羨慕。

住在銅鑼國民學校，我們得依法向銅鑼鄉公所申報戶口，全部眷屬的戶口都由喬先生統籌辦理，他把所有人原本出生年月日的陰曆登記為陽曆，虛歲登記為實歲。對我們家他還作了另一番額外的工作。原先在靈山島，我們一家是掛名姜守業叔叔的眷屬才被允許上船跟著出來的。到了銅鑼報戶口，我變成了姜守業叔叔的兒子。喬先生給我取了一個很有詩意的名字叫姜云平。我使用這個名字一直到我小學四年級，才返祖歸宗改回到我原來的姓名。

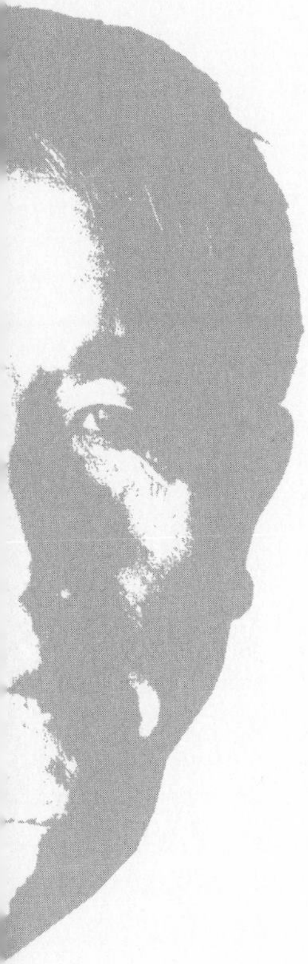

17

五湖

民國三十九年（西元一九五〇年）的春夏，又有大批大陸撤退來台的國軍部隊進駐到銅鑼來，占用了部分銅鑼國民學校的教室。學校需要教室給學生們上課，我們必須將我們所住的那三間教室，在暑假之前騰出來還給學校。全體眷屬被安排搬去在銅鑼西北方，一個只有一所國民學校和幾家住戶與商店的鄉間小城——五湖。

搬家那天的大清早，我跟著母親去探望駐在公館國民學校的父親。公館國民學校位於後龍溪東岸的公館，同行的還有賀永和他的母親賀大娘。賀大娘的大兒子和我父親在同一個連裡當兵。我們穿過老街，沿著老街北盡頭的山徑，往東走下後龍溪的河谷，乘竹筏渡過後龍溪後，再順著河床上的石頭路，走到公館國民學校。衛兵替我們通報後，父親很快地出來招呼我們，令我感到意外的是，出來見賀大娘和賀永的是連長而不是賀大娘的大兒子本人。連長很客氣地招呼賀大娘坐下，這時候賀大娘大兒子的排長和班長也都來了，他們告訴賀大娘說，昨天白天為了某件事情，她大兒子的長官對他說了幾句重話，他有些不高興。今天清晨起床集合沒有看到他，大家找遍了營房也沒有找到他，準定是他一時想不開，昨天夜裡悄悄地一個人離開部隊跑走了。這對賀大娘有如晴天霹靂。在那個時期，軍隊仍然以打罵為管理部屬的慣常方式，是不是只說了幾句重話，已經不重要了，重要的是他一個二十出頭的孩子，在一個完全陌生的環境下，能跑到哪裡去？要是不幸被捉回來，逃兵的罪名，其後果是不堪設想的。不記得那天賀大娘是怎樣跟我們一起走回去的。

回到銅鑼國民學校後，母親立即忙著搬家。五湖距離銅鑼國民學校不很遠，大約只有四、五公里的路程，去五湖的公路建在西湖溪河谷平原上，很平坦，不多會功夫就走到了。我們在那天的午後到達五湖後，被安排住在一個空出來的歇業戲院裡，爺爺和其他上了年紀的男性家屬，被安置在戲台兩側原先戲班子住的房間裡。母親、妹妹和我以及其他的婦女和兒童，則被安置在台前觀眾看戲的大廳上。戲院位於五湖對外幾條公路的中心點，小城唯一的一條街與銅鑼來的公路在戲院的門前相銜接。在此交會的還有一條往東爬上山，去南勢火車站的公路。戲院的右鄰是五湖國民學校，父親所屬部隊的營部駐在那裡。戲院的斜對面是一個雜貨店，雜貨店的左側有個賣豬肉的攤子，每三天賣一頭豬，屠宰豬的地方就在戲院的右後方，每次屠宰過後留下的豬毛、豬糞、血水全都沖刷到戲院旁邊的陰溝裡，成了蚊子，尤其是傳染瘧疾的瘧蚊，孳生的溫床。

在搬來五湖之前，有商人來銅鑼國民學校向我們推銷他們用當地盛產的桂竹做成的床，價錢很合理，許多原先買不起床的家庭，都紛紛興高采烈地選購他們想要的床。母親自己沒有錢又實在不願意向爺爺開口要錢，只有帶著我和妹妹站在一旁看熱鬧，我真擔心我們母子今後要睡在別人家的床腳下。推銷商帶來的床很快就賣光了，最後只剩一個有點瑕疵，別人挑剩下的，大小正是母親想要的，推銷商不想帶回去，有意削價把它便宜地脫手，母親乘機向他討價還價買了下來，從此我們母子三人升了級，從地下升到床上。到了五湖我們不用睡在戲院的地上，但是仍然沒有蚊帳，住在一起的有不少人家也跟我們一樣，買不起蚊帳，因而瘧疾在我們之間迅速地傳染了開來，有一大半的人都病倒了。為了緩和戲院裡的擁擠，部隊把一部分的眷屬遷移到公館鄰近的福基去。另外有幾家經濟條件許可的小家庭，自己花錢搬出去，向當地的民宅租間屋子住。剩下住在戲院裡的人得以分散開來，床與床之間的距離寬鬆了許多，但是仍然不能抑止瘧疾的流行。

瘧疾俗稱打擺子，發作的時候全身會感覺到出奇的冷，冷得牙床打寒顫，冷過一陣以後又會感覺到出奇的熱，熱得全身冒汗，嚴重的時候每天定時發作。最早感染上瘧疾的是鄰床的賀大娘和賀永。賀大娘同時在憂慮她的大兒子，病得特別嚴重。那天她在發熱過後覺得口渴得厲害，自己沒有力氣下床燒水，她請同住的一個叫小擋子的男孩子去找水給她喝，她答應給小擋子三毛錢，當時三毛錢對一個窮小孩是一個誘人的數目，能買三根冰棒或是三小盅花生米。小擋子去隔壁國民學校裝有手壓抽水機的水井打了一桶水，燒都沒有燒就提去給了賀大娘，賀大娘在喝過水後不久就斷氣去世了。我永遠無法忘記在重病中十歲不到的賀永，抱著他母親的屍體，他那沙啞、微弱、絕望的哭聲。

幾天過後的一個下午，大家都還在睡午覺，賀大娘失蹤的大兒子突然不聲不響地溜進戲院裡來，他穿著一身軍裝，顯然是跑去別的單位當了兵，樣子極為恐慌。他匆匆地抱起病得骨瘦如柴，奄奄一息的賀永，淒涼地哭著對賀永說：「兄弟，大哥帶你去找大夫給你治病。」他轉身衝出門，順著公路往銅鑼的方向奔去。這時候全戲院裡的人都被驚醒了。新上任管理眷屬的于主任，教過我們子弟學校的張老師，一位回來看望家人、在部隊裡當什麼長的伯伯（忘記了他姓什麼），以及好些大人和小孩都跟著走到公路上去，張老師從後頭追過去，大聲地對賀永的大哥說：「你不要害怕，這裡沒有人要捉你回來，你一個人在當兵怎麼能照顧你的兄弟？你把他放下來，我會在這裡好好地照顧他，你放心走吧！」賀永的大哥轉過身來把賀永遞給張老師，回過頭一個人跑走了，身影很快地消失在路的轉彎處。由於張老師的照顧，賀永的健康很快地有了起色，他硬朗了許多，能自己下床吃飯和大小便，這時候賀永的三哥也獲准請假到戲院來照顧賀永。賀三哥那年頂多十八、九歲，人長得很機伶，個性開朗隨和，戲院裡住的每一個人都很喜歡他。他與賀永和張老師一起開伙，定期帶賀永到銅鑼的軍醫院去看病，兄弟倆看起來過得還滿平靜的。看了幾次病，醫生對賀永的病情很不樂觀，建議他住院治療，賀三哥和張老師商量，他們覺得醫院的醫藥、營養和專業的醫護人員都比他留在戲院裡強，決定把他送去醫院。後來聽母親說賀永還是病逝在銅鑼的軍醫院裡。從青島河馬石睡在同一個炕上開始，賀永一直都是我最要好的朋友，我們一起流浪到靈山島、海南島和台灣，共同度過了一段患難的童年，六十多年來我一直懷念賀永，回憶我們那段在一起的日子。當年二十歲上下的賀大哥和三哥，現在都該有八十多了，希望他們都還健在，我在這裡祝福他們。

剛到五湖的時候，我們全家都還很健康，部隊每月分配給我們一些米，當時菜場上只有茄子便宜，我們還能買得起，母親每天在戲院後面的露天空地上煮米飯，並把買來的茄子洗乾淨後放在飯上蒸熟，我們全家包括爺爺，每餐都千篇一律地吃白米飯和大蒜醬油拌茄子。五湖國民學校的後面有條河溝，我到河溝兩旁的樹林裡去撿柴，拿回來給母親燒火煮飯。有一次農民修理河溝邊上的防風林，砍下了一些竹子，丟散在地上不要了，我撿了回來。

營部的廚房就在隔壁臨時搭蓋的棚子裡，燒飯的大師傅正要出去買柴作引子生煤炭，看到堆在母親旁邊的竹子，問母親願不願意把那些竹子賣給他，母親當然求之不得。大師傅稱了一下竹子的重量，按市價付錢給母親，母親非常的高興。母親用那些錢買了塊薄花布，替自己做了件短袖襯衫。我那年還不到九歲，能替母親掙到一件衣服，有不可言喻的成就感。

沒有過多久，我們全家人都感染上了瘧疾，母親和我病得最嚴重，尤其是我。有很長的一段時間我病得不省人事，當時的情況沒有在我的腦子裡留下多少記憶，只依稀地記得母親在病中背我出去大小便，為全家做飯，發熱後我口渴拿水給我喝，有時煮個蛋給我補充營養。奎寧藥片治好了母親和家人的瘧疾，我除了吃奎寧藥片，還靠打了父親拿回來的兩瓶叫六〇六的針劑才活了過來。活過來後，我得重新學習走路，母親像照顧嬰兒般的無微不至地照顧我。瘧疾的原蟲不僅是破壞了我的紅血球令我極端的貧血，原蟲的孢子更寄生在我的肝臟裡令我的肝臟腫大，整個肚子像塞進了一個籃球似的直挺挺地凸出來。當我能重新走路以後，母親讓我去與同病的鄰床朋友們，一起結伴到銅鑼的軍醫院去看病。每回去，母親都會給我一毛錢作為對我的鼓勵。我用一毛錢買一小盅花生米，或是一個小螃蟹，再怎麼饞都忍受住，帶回來和妹妹分著吃。我的身體恢復得很快，肚子漸漸地小了下去，人也有了精力，可以重新去跟別的小孩子們在一起玩。

這回我摸了摸閻王爺的鼻子，又能再回到人世上來，全靠母親。

那年的夏天，部隊在苗栗的大坪頂用竹子蓋營房，讓散駐在周圍各鄉鎮國民學校的部隊，在秋天學校開學以前全部搬過去，把占用的教室還給學校，以便學校恢復正常上課。當時父親的師長張家寶將軍很關心眷屬的生活，曾到戲院來探望過我們，非常憐憫我們的處境，給了我們如同士兵一樣的醫療待遇。他下令把在大坪頂蓋營房剩下來的竹子，運到銅鑼南邊山坡上的一處公地上去，在那裡蓋房子給眷屬住。他把這個新建的村莊命名為「中興新村」，這是台灣最早期的眷村。我們在那年的秋後搬了過去，結束了幾年來到處流浪，住大統倉的難民生涯。

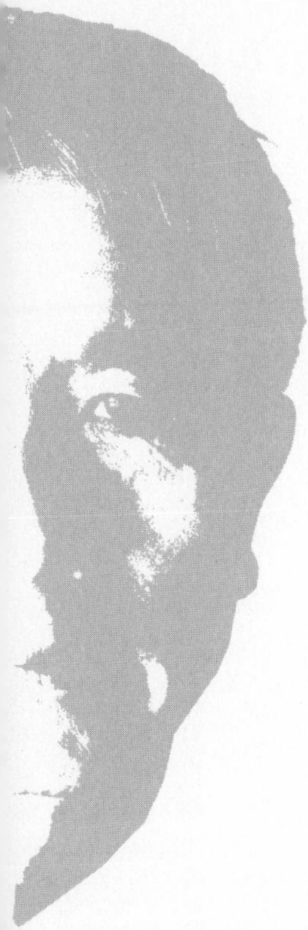

18

銅鑼中興新村

銅鑼中興新村位於銅鑼東南方，座落在雙峰山西麓的山腰上，離市區大約有兩公里。從銅鑼西北方的五湖去，要先走回銅鑼，走到銅鑼新街的北端，再沿著新街往南走，經過火車站前面的廣場，朝三義方向與鐵路平行的尖豐公路走約一公里，有個聚住了幾戶人家的十字路口。十字路口往西是越過西湖溪去九湖的大路，拐彎向東走則是一條約五、六百公尺長，僅能供單向牛車行駛的鄉間小路，通到山腳下一個叫「賴屋」的賴姓聚落。賴屋的住家都集中在路的北面，路的南面則是一片水田。當時靠路邊還有一家舊式的私塾，四、五個十幾歲沒能上初中的男孩子圍坐在八仙桌旁，由一位老先生教他們讀三字經、百家姓、四書等中國的古籍。

一過賴屋，原先平坦的路開始分岔爬坡，右邊的一條坡度較緩，路寬勉強可容下一輛牛車，繞過左邊的山，通往在前面山窪不遠處的關帝廟。左邊的一條是爬上山坡的石階小路，坡度較陡，只能步行。沿著石階爬到在半山腰上的坡頂，在路旁新豎立了一座白色路碑，上面漆有「中興新村」四個藍色大字。停下來喘口氣，轉身往回看，山下田野、農舍的風光盡收眼底。再回過頭往東走是一段平坦的田邊小路，路左邊是一塊香茅草田和它北面的大片竹林和茶園，路的右邊是條排水溝，水溝的對面是關帝廟後面的一片雜木林。往前不到一百公尺，香茅草田到了頭，路拐了彎，跨過一個用石頭和泥巴搭的小橋，轉到水溝的另一邊上去，沿著水溝順著平緩的山坡，朝東邊的山頂伸展過去。

張家寶師長命令他屬下的工兵，在一過小橋沿著路右側南邊的梯田上，用竹子建造了十二棟坐北朝南，可容六十戶眷屬居住的眷舍，這就是銅鑼的中興新村，我們自己慣叫的「銅鑼山」。

中興新村所在地的土地原是苗栗糖廠種甘蔗的蔗田。據說在日據時代台灣有八個糖廠，二次大戰期間遭到美國空軍的轟炸，生產設備受到破壞。國民政府收復台灣以後成立的台糖公司，把八個糖廠裡受到破壞的生產機器整合起來，拼湊成四套完整的生產設備，裝置到四個較大的糖廠裡去，關閉掉規模和經濟效益較小的四個，苗栗糖廠是其中一個。張師長在糖廠還沒有完全關閉之前，搶了先機，在這裡蓋房子安置我們。

十二棟一模一樣有如枕頭麵包似的長方型眷舍，每棟分隔成同樣大小的五個單間，分給五戶人家居住，每戶占地不到四坪（十三平方米）。房子的屋頂和四周的牆都是用清一色表皮光滑，筆直細長的桂竹建的。在房子的前後，則各有一排用粗麻竹切割成的圓柱子，成四十五度角把房子從兩邊固定住以防颱風吹倒。每戶房子前面有一扇往裡開的竹子門，後面的牆上開了一個四方形的窗子，在竹子的窗櫺上由住戶自己糊上半透明的高陵紙或是透明的玻璃紙來代替玻璃，窗子的外頭有個可以往上撐起來的竹蓋子，白天把它撐起來讓外頭的光線透進來，晚上或颳風下雨的時候則把它放下去，把窗子遮起來，房子裡的地面仍然是原先的泥巴地。房子外頭有公用的廁所和廚房。公用的廚房太狹小，遠不符那麼多家同時使用，搬進去沒幾天，大家都紛紛改在自家門前的空地上燒飯，下雨天只好把爐子搬到屋子裡去，燃燒濕柴的濃煙經常嗆得在床前燒飯的母親一把鼻涕一把淚。廢棄不用的公用廚房後來成了公用的雞窩，大家在裡頭養雞。

我們分到的那棟眷舍是在村子的東邊盡頭靠近山的一邊，再往東走幾步就是我們村子前面農家鄰居的菜園，已經出了村子的地界。在我們屋後的坡上，幾乎與我們屋頂等高的一層梯田上，有另一棟眷舍，與我們的這棟上下並排，延書叔和父親的頂頭上司喬營長家分在那裡。從山底下，由賴屋上來往山頂上延伸的那條小路經過他們家的屋子後面；我們門前下面的一層梯田上蓋了一棟公共廁所，村子的地界到此為止。再往前是個山窪，山窪裡層層疊疊的水田，田裡的顏色隨季節而變化，開門望去景色怡人。我充當爺爺的幫手，在我們分到的那間房子裡，用竹片在中間立了一道牆，把它分隔成為內外兩個半間，牆在一進門的右手邊留了一個缺口作為進出內半間的門，母親用舊床單做了一個門簾掛在上面。內半間除了一進門的走道，剛好放得下從五湖搬來我們母子三人睡的大床。在外半間，爺爺睡的單人床放在緊靠左邊的牆，剩下的地方用來放置鍋碗瓢盆和其他零碎的東西。下雨天母親把爐子搬回來在那裡燒飯。後來爺爺去了台北，母親讓我睡在爺爺空出來的床上。為了阻擋冬天從外牆竹縫間透進來的冷風和夏天爬進來的蟲，母親和我也像其他家一樣，用泥巴摻合著稻草敷在前後外牆的裡面，父親從部隊裡帶回來一些舊報紙，母親把舊報紙貼在四周的牆上當壁紙，整個屋子看起來乾淨清爽多了。可是泥巴稻草終究不是水泥鋼筋，夏天遇到大颱風來襲，強風挾著暴雨打到外牆上，雨水從竹縫間滲透到敷在牆裡面的泥巴裡去，時間一久，牆上的泥巴含水量達到了飽和，脫離了竹子牆，全部塌到地上去，風從竹縫間吹進來，整個屋子變成了風洞。記不清有多少個颱風夜，牆土塌了下來，怕房子被吹倒了不敢睡，和鄰居的朋友打赤腳，穿著短褲和背心，把空的餅乾鐵盒子側倒過來擋住風，將油燈放到盒子裡去，藉著從裡頭透出來的微弱燈光，坐在床沿上一面下棋，一面聆聽著屋外驚心動魄的風雨聲，熬過漫長的狂風暴雨夜。等到風雨過後，天晴了，母親和我又得無奈地把牆上塌下來的泥巴清除出去，重新摻合泥巴稻草，再一次敷牆，貼舊報紙。

山上沒有供電也沒有自來水。在村子南面的山窪裡，有一個儲水灌溉稻田的大池塘，在池塘東面靠山一端的邊上有一個泉水口，不斷湧出清澈甘甜的泉水。早先當地的住家用石塊築了一個簡陋的井台，把泉水口和它的周遭圍起來圈成一個井，與池塘分隔了開來，泉水從井台底下的石縫中流到池塘裡去。人可以站在井台的石頭上，彎腰從井裡取水，也可以蹲在石頭上，背對著井在池塘邊洗衣服。我們搬去以後，蓋房子的工兵把原先的井台加以整修擴大，在上面敷了一層水泥，並在水泥地上寫了「人定勝天」四個大字。整修過的井台要寬敞牢固多了，除了能站在水泥地上彎腰從井裡打水，還可以蹲在上頭淘米洗菜。工兵把原先靠池塘水邊那幾塊可以在上面搓洗衣服的石頭，予以重新安排並在空出來的地方多加了幾塊，用水泥把它們固定到井台上去，方便更多的人同時在池塘邊洗衣服，洗衣服的人可以放個小板凳坐在井台上，比原先蹲在石頭上要省力舒服多了。池塘周圍的堤防上種了許多鞏固堤防的樹，在緊靠井台面向池塘的左側有棵大樹，一根大枝幹橫的伸展到井台邊上來，夏天茂密的枝葉遮住了晒到井台上來的陽光，山上吹來的和風和地下冒出來的冷泉都讓井台格外的蔭涼。

從我們家循著在田埂上的曲折小路走到坡下的井邊，頂多一、兩百公尺，我每天總要往來於家裡和井邊好幾次，除了幫母親淘米、洗菜和提水，也幫母親拿回家她在池塘邊洗乾淨的衣服。夏天尤其是在放暑假的時候，幾乎每天都跟村裡的孩子們到池塘裡去游泳，在池塘裡除了我們這些戲水的孩子，還常遇到鄰近農家在那裡泡水的大水牛。游完泳從池塘裡爬到井台上來，用水桶從井裡打上來清涼的泉水，往頭頂上沖下去，身心都有說不出的舒暢。

住在我們同一棟的五家分別是我們右手邊的曹阿姨，左手邊的姜大嬸，姜大嬸再過去的袁大娘和臧大嬸。鄉下沒有工作的機會，要糊口必須到大都市裡去。搬來後沒有多久，爺爺和隔壁的姜爺爺分別離家去台北謀生。臧大嬸的父母邢爺爺和邢奶奶在沒有到銅鑼山之前，就直接從五湖去了台北。袁爺爺到台北的時間更早，剛來台灣住在銅鑼國民學校的時候就去了，當時袁大娘的二兒子居彬在銅鑼國民學校的廚房裡出生，袁爺爺給他取了個乳名叫台北，希望這個新添的小孫子能給爺爺帶來好運。剩下來定居在銅鑼山上的只有婦女和兒童，以及少數幾位年紀太大不能出去工作的老人。搬去的那年，曹阿姨的兒子冠軍，姜大嬸的兒子敏芳，袁大娘的大兒子居祺和臧大嬸的女兒小紅都不超過四、五歲，我妹妹七歲，我最大，也才九歲。媽媽們也都還很年輕，年紀最長的母親還不到三十歲。我們這些老弱婦孺，緊密地生活在一起，守望相助，彼此扶持，把我們山東人當年闖關東的精神發揮得淋漓盡致。這種在患難中建立的濃厚友情，到今天仍然保持著。

搬去的第二年，鄉衛生所的工作人員到村裡來，在每家屋內天花板和牆壁上噴灑了一層厚厚的DDT粉，DDT粉是聯合國提供來幫助台灣鏟除瘧疾的。DDT粉的噴灑杜絕了蚊子的氾濫，陪伴著我們的不再是疾病和死亡。

我們得到了喘息的機會，恢復幾年來在顛沛流離中喪失的元氣，重新在這塊到台灣來第一次可以稱為「家」的土地上，扎根成長。

19

我們的芳鄰

鄰近我們村子的有三戶農家，一座關帝廟和一座土地公廟。最近的一戶農家就住在我們門前下面一層梯田的最右端，一棟坐北朝南的磚造房子，房子的後頭種了一排擋風的刺竹。房子的前面有一方晒穀的院子，院子的右側有個草頂土牆的牛棚，我每天來回井邊經過他們家的門口，常看到他們家那頭大水牛臥在牛棚裡，悠閒地咀嚼著從胃裡反芻到嘴巴裡的草。他們家除了夫妻兩人還有兩個十幾歲的兒子和一個叫阿細的小女兒。阿細跟我妹妹差不多大，常跟我妹妹玩在一起，不記得她有沒有上過學，長大後，嫁給了我們同鄉小擋子的哥哥，搬到台北去了。

隔著一條到井邊的小路，在阿細家的右下方是林家兄弟的四合院，弟弟住坐北朝南的正屋，哥哥住坐西朝東的廂房，四合院的東、南兩面是圍牆，中間是一塊鋪水泥的寬敞院子，用來晒稻子或其他的收成。屋後高起來的山坡地上是一片竹林，竹林把他們家與我們村子隔了開來，林子裡經年儲存著兩大垛餵牛的稻草，有時我們也會向他要一小把摻在泥巴裡敷牆。圍繞著四合院前邊和左右兩旁的是他們家的水田。供給我們用水的井和井旁儲水的大池塘在四合院的正前方，離圍牆不到五十公尺，都是屬於他們家的財產。林家弟弟夫婦都還很年輕，在家裡種田，孩子也還小。哥哥好像是在城市裡工作，不常看到他。嫂嫂和一個十七、八歲的女兒及一個十四、五歲的兒子住在四合院裡。兒子有唐氏症，是真的天真無邪，常硬要搶著幫他母親做些他不能勝任的工作，給他母親添亂子，令他母親頭痛，但他母親非常地疼愛他，後來不知道得了什麼病，死了，他母親哭得很傷心。女兒後來跟她父親去城裡找到了工作，放假回來穿著洋裝，打著洋傘，走在田埂上，不復是鄉下姑娘的模樣。

另一家住在我們村子的北面，在從山下賴屋上來那條小路的左手邊，因為地勢較高缺少灌溉的水源，在他家四周種的都是旱田，我們搬去的時候，他們田裡還種著要賣給苗栗糖廠的最後一批甘蔗。村子裡有幾個頑皮的孩子到他們田裡去偷甘蔗，被男主人發現了，從後頭喊著追打。村子裡的孩子都怕他，認為他是天字第一號的惡人。其實他只是裝裝樣子嚇唬嚇唬他們而已。不種甘蔗後改種香茅草，再把收割的香茅草挑到小溪邊上的蒸餾棚子裡，去提煉出香茅油，賣給在苗栗的收購商，出口到外國去做香水。一大堆的香茅草，費了很大的勁，才能提煉出一小瓶香茅油，對種香茅草的農民來說，經濟效益實在有限，倒是我所知道的幾個收購商發了大財。除了香茅草田，他們家還有茶園，他們自己也用手工製茶，製造當時苗栗一帶出產的包種茶，茶葉都是婦女們用手從茶樹上挑選摘下來的嫩葉子，製造出來的不可能不是好茶。他們家有兩個兒子，小兒子後來成了我的好朋友，每天早晨我們一同趕火車去苗栗中學就讀，他比我高一年級。大兒子在家裡幫父親種田，結婚的那年，接到鄉公所的通知要他去服兵役，那時候政府剛開始在台灣實施新的兵役制度，在他的親戚朋友中還沒有人被徵去當過兵，對於當兵缺乏可供參考的經驗和可以信賴的資訊，全家人都很恐慌，他那新婚不久的太太整天哭得像淚人一樣。大兒子入伍後的第一個星期天，他太太到新兵訓練中心去探望他，發現當兵遠不是他們想像的那麼不堪，回來後一掃過去的悲泣，興高采烈地向人述說她在那裡的見聞。

關帝廟的正式名稱叫恩主宮，在我們村子的西南方，村前那個東西向山窪的北坡上，與林家四合院差不多在同一個高度，從林家西側的田埂走到廟前大約一百公尺。廟不大，據說已有六十年的歷史，蓋得還很雄偉，香火也盛，善男信女都是附近的農民。每年廟會除了唱戲還舉行大豬比賽，記得有一年供在廟前獲得第一名的大豬重達一千台斤（六百公斤）。那時候鄉下的農民大多數很貧窮，平時連大米飯裡都得摻著晒乾的地瓜條才夠填飽肚子。廟會大拜拜一來，招待親友大吃大喝，一年辛苦的積蓄一下子就吃光了。政府認為這是很不好的陋習，應該加以改良，要鄉下的農民們節約，不要再作浪費的大拜拜。立意雖好，但農民們並不領情。在他們的想法，辛苦了一年，盼望的就是這麼一天，他們無視於政府的禁令，照樣大拜拜。那年在廟會期間的一天下午，戲台上正鑼鼓喧天地打得難分難解，突然間廟祝在外頭把風的兒子從賴屋上來的路上急跑過來，大聲喊道：「不要演了，警察來了。」戲台上喧天的鑼鼓赫然而止，演員也都跑下台來，唱戲和看戲的人都非常的失望。往常警察來，形式地轉一圈就走了，警察走後，戲台上再重新開鑼繼續唱戲。那天不知道為什麼，警察老留在那裡不走，我等得不耐煩回家去了，不知道那場戲外戲是怎麼收場的。

土地公廟是在我們村子的東北邊，順著村後從山下賴屋上來的那條小路再往東走不遠，土地公廟就在路的左手邊。這是一座用石頭蓋的小廟，裡頭沒有神像，僅有一面刻有「福德正神」的牌位，廟前有一個放置供品的檯子，廟後是一個小土丘，上面有幾棵高大的相思樹，夏天很涼快，我和我的同學常去那裡爬到樹上玩。土地公客家話叫「伯公」，是當地住家的守護神，住的雖然是小廟，但人們對祂極為恭敬，平日哪家殺了隻鴨子，在端上自家餐桌之前，一定會先將整隻鴨子拿到廟前的供檯上，燒香祭拜，請土地公吃過後，才能拿回家去自己享用。

雙峰山的主峰在我們村子的東南方，離我們村子還有一段距離，山嶺往北到了我們村東頭開始平緩下來，從我們村子很容易就能攀登上去，翻過山，山底下是後龍溪的河谷，在下到河谷之前的半山腰上，有一條從銅鑼火車站通到山裡小城老雞籠的公路，小學遠足常走這條路到老雞籠去。在我們住的雙峰山西麓上有許多儲水的大池塘，灌溉著一層層開闢在山坡上的整齊梯田，每隔不遠的地邊上，就有一排從山坡上連綿下來擋風的刺竹林，擋住山坡上橫吹到田裡的強風，尤其是秋冬的北風。山野裡處處是小溪和流泉，令我最懷念的是搭在小溪旁蒸餾香茅油的草棚，在淡季空閒的時候，鑽進去躺在蒸餾過後晒乾的香茅草上，打個滾，伸開胳臂和腿，閉著眼，靜靜地享受那香茅的芬芳。當夏天喧鬧的蟬聲沉寂之後，山上變得格外的寧靜，走在蜿蜒的羊腸山徑上，往空曠的山野裡大喊一聲，聽到的是自己陣陣的回音。在月色涼如水的夜晚，拿個小板凳坐在屋子前，望著滿天的星斗，聽大人講仙女下凡的故事。在這塊有如香格里拉的土地上，我度過了我的美好童年，一直到民國四十七年（西元一九五八年）的春天才依依不捨地搬離了那裡。

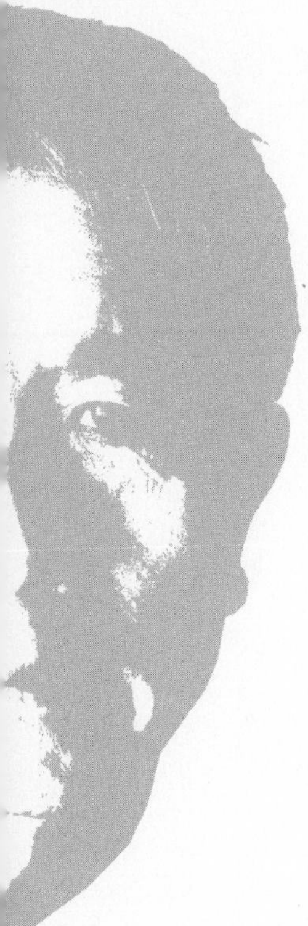

20

上銅鑼國民學校

民國三十九年夏天搬到五湖後，原先主持我們子弟學校的喬先生調了職，換了一位于先生來管理眷屬。因為五湖住的地方過分的擁擠，在眷屬間傳染開了瘟疫瘧疾，部隊不得不把一部分眷屬搬到公館鄉下的福基去，原本上學的孩子被分散開到兩地，留下來住在五湖的也有一大半病倒了。沒有孩子上學，子弟學校開不成停頓了下來。搬到銅鑼山，行李剛放下來，母親就想到我的教育問題。她去和其他有學齡孩子的母親們商量，有人建議何不去請與銅鑼國民學校羅校長熟悉的郝家福爺爺幫忙，請他問問羅校長，可不可以讓我們這些孩子也到銅鑼國民學校去上學。郝爺爺的大兒子在部隊裡當兵，郝爺爺也是同我們一起逃難的眷屬，從前曾到韓國經商，說得一口流利的日本話，住在銅鑼國民學校的時候認識了校長羅祿春先生，羅校長很欣賞和同情他，特別允許他們夫婦倆在學校右前方，校長宿舍旁邊的空地上，搭蓋了一間小屋子，做些包子和饅頭賣給路過的小學生和附近的駐軍，來維持基本的生活，因此他們得以繼續住在銅鑼國民學校旁，沒有和我們一起搬去五湖或銅鑼山。郝爺爺受到委託後去見羅校長，羅校長欣然答應。母親聽了很高興，去跟爺爺說希望能送我去上銅鑼國民學校。

那段時間爺爺的心情很不好，在五湖搬家之前，爺爺把他鋪在床上的毯子拿到外頭太陽底下去晒，回來發現原先放在枕頭底下的六十塊錢不見了。很可能是他從床上拿毯子起來的時候，不小心把錢從枕頭底下拖到地下去，被別人悄悄地撿走了。當時六十塊錢值二錢黃金，我們連作夢都吃不到的豬肉才三塊多錢一斤，對我們來說是個很大的數目。爺爺遍尋不著很是氣惱。來到銅鑼山後，爺爺每天到大坪頂的營房裡去擺地攤販賣水果和日用品，但生意清淡難以維持下去。聽到母親說要送我去上學，第一個想到的是學費從哪裡來，他對母親說：「我們窮得連飯都吃不上來了，哪裡還有錢送孩子去上學。」母親和我聽了都很失望，我哭了，母親安慰我說：「聽人家說，從前很多偉大的人都是自己在家裡念書，有的窮得晚上連燈都點不起，要靠螢火蟲，或在牆上挖個洞借別人家透過來的燈光看書，你也可以學他們，向別人借書好好地在家裡自己念，以後也一樣會有出息。」

幾天後爺爺看到別家的孩子都去上學了，改變了他的心意，也教母親送我去。母親拿著戶口名簿領著我去找郝爺爺。我曾在前文提到過，在靈山島我們是以姜守業叔叔眷屬的名義才被允許上船。來台灣報戶口的時候，我順理成章地成了姜守業叔叔的兒子。代辦戶口的喬先生自作主張給我取了個名字叫姜云平，因此在路上母親叮嚀著我說：「等一下老師問你叫什麼名字，你說你叫曲潤蕃，知道嗎？」我說：「知道！」到了郝爺爺家，郝爺爺和郝奶奶很熱情地招呼我們，母親告訴郝爺爺我們的來意，他立即放下手上的工作，拿了母親帶來的戶口名簿，領著我去校長室找羅校長。見了羅校長，郝爺爺用日本話很客氣地和他交談了幾句，羅校長親切地請郝爺爺坐下，接過郝爺爺手上的戶口名簿，照著在上面登記的名字，用毛筆在一張白紙上寫下「姜云平」三個字，趁兩堂課之間休息的空檔，起身拿著那張紙，領我到隔壁教師辦公室，去見我的級任老師何錦森先生。何老師正坐在他的辦公桌前休息，校長把那張紙交給他，對他作了簡單的交代，留下我，回他的辦公室去了。何老師看了看那張紙，把我拉到他的身旁，問我：「你叫什麼名字？」我說：「我叫曲潤蕃。」何老師不解地說：「你叫姜云平，你怎麼說你叫曲潤蕃？」我不知道該怎麼回答。

何老師教的是二年乙班，每星期上六天學，我們低年級的學生每天只上半天課，有時上午班，有時下午班。學科只有國語和算數。國語除了教認字、寫字，還有用注音符號拼音。我在子弟學校沒有學過注音符號，而班上的其他同學早在一年級的時候就學會了。我只記得每天到教室開始上課之前，何老師都會用教鞭指著貼在黑板上方牆上的注音符號表，要全班同學站著齊聲唸一遍。日子久了我也能朗朗上口，但還是不知道怎麼用這些符號來拼音。令我感到十分困擾的是，我沒有自己的課本。課本是教育廳按學生人數在學年一開始時發放的，在我來插班上學的時候，學校早已經開學了，我的名字不在開學時的學生名單上，所以沒有我的書本。上課的時候，我還可以分看同桌同學的書，下了課什麼也沒有了，想復習都沒有辦法復習。學校常考試，除了期考還有月考和小考。國語考試的題目大致分為兩類：一類是給字，要學生填寫注音符號；另一類是給注音符號，要學生填寫字，兩類都須要懂得注音符號，兩類我都有極大的困難，在考試的時候，我常憑在課堂上的記憶胡亂地填寫，其結果自然不會好，記得有一次只考了三十二分。算數跟我在子弟學校所學的沒有多大差別，仍然是我的強項，每次我都很輕易地考滿分。學期末，放寒假前發成績單，我在班上六十位同學中名列第十七名，在我們村子同年級的孩子裡算是好的，母親很滿意。

21

領不到眷糧的日子

從民國三十九年到民國四十年的一年多當中，父親所屬的部隊有了很大的變動，他的直屬長官幾乎都換了人。聽說後來連張家寶師長也被調到雲南與緬甸的邊境，去跟隨李彌將軍打游擊了。在被換下來的父親長官當中，有許多成了無職軍官，包括了一路領著我們從山東牟平，經過青島和海南島到台灣的老團長。他帶領他的弟兄們參加過無數次大小戰役，包括掩護青島的安全撤退，未曾打過敗仗，把他的團完整地帶到了台灣，論功勞他有功勞，論苦勞他有苦勞，怎麼說不要他就不要他了，令人費解。

無職軍官有兩條路可走，一條是退役，另一條是去金門加入金門軍官戰鬥團。那時候退役既無退休金，也沒有終身俸，更談不上十八趴，父親的老團長還是選擇了退役。同一時間，父親在牟平參加游擊隊時的老連長孫積慶伯伯也成了無職軍官，他去了金門，自然是滿腹的怨憤。有次他回台灣，順道來我家看我爺爺，我在一旁聽他向爺爺述說，當時金門軍官戰鬥團副團長，抗日名將吉星文將軍對他說的一席話。吉將軍說：「老弟，你覺得你窩囊，我吉星文就不覺得窩囊？抗戰的第一砲是我打的，今天落到了一個軍官戰鬥團，還是個副團長。」孫伯伯最後還是決定留在台灣申請退役，不再回金門去。那時候在銅鑼國民學校和文林中學裡頭和附近駐了許多軍隊，孫伯伯和孫伯母在銅鑼國民學校和文林中學之間的一個十字路口上，開了一家叫「中興飯店」的小餐館，賣麵食給那些來自北方的軍人，孫伯伯退了役仍然不忘「中興」。他唯一的公子國強（孫韜玉）比我小幾歲，後來畢業於陸軍官校，官拜陸軍中將，當過國防部次長，孫伯伯一定很欣慰。至於老團長，在越戰期間有人接觸他，想借用他的游擊長才，請他到越南去對付越共的游擊隊。他說他從前在家鄉打游擊，靠的是民心，有成千上萬的鄉親自動地向他提供情報，他才能神出鬼沒，打得那麼靈活。在越南沒有這些條件，等於去送死，他不幹。

部隊改編以後，國防部開始發放眷糧，八歲以上的孩子和大人每人每月二十八市斤（每市斤是五百公克，在台灣市面上通用的台斤是六百公克）糙米（可折成白米），半市斤油，一市斤鹽，一包五十市斤重的焦炭，另加三十塊錢的副食費，八歲以下的孩子減半。那時候二等兵每月的薪餉是七塊五毛錢，比較起來這算是一份很優厚的配給。可是這份優厚的配給只限於軍官眷屬，士兵眷屬什麼都沒有，雖然當時我們家仍然登記在姜守業叔叔的名下，但是新人新政，這個原先老團長採取的變通辦法不再被承認，因而我們被完全排除在外，得不到任何的配給或補助。在同一棟眷舍的五家裡有三家是士兵眷屬，除了我們家，還有隔壁的姜大嬸家和姜大嬸的隔壁袁大娘家。

父親微乎其微的薪餉遠不足以養活我們母子三人，母親必須另尋別的財源來維持我們最低的生活水平。那時候市面上賣的橡膠底球鞋很貴，鄉下的農民太窮，大人小孩一年到頭都打赤腳，穿不起鞋子。母親和姜大嬸覺得這是個機會，她們用手工縫製小孩子穿的布鞋，去便宜地賣給農民。另外在冬天，母親和姜大嬸把部隊換下來，丟掉不要的破舊棉襖，取出裡頭的棉花做成小孩子穿的棉背心，和布鞋一起拿到農村去沿門兜售。鞋子和背心每件都只賣兩塊五毛錢，跑一整天，順利的時候可能賣四、五件，不順利的時候只能賣一、兩件，收入少得可憐，可是為了糊口別無他途，不得不耐心地做下去。母親每天一大清早就起來做鞋子或縫背心，直到過了大半夜，荒雞都啼了才去睡覺。由於長期的睡眠不足和營養不良，母親常鬧牙痛，俗稱「火牙」，花不起錢看醫生也買不起藥，母親要我去井裡提涼水回來，她把涼水含在嘴裡，不斷地更換來舒緩牙痛，繼續做她手上的針線。縱然母親這樣不眠不休地日夜工作，要維持我們母子每日的三餐仍然十分困難，除了米飯，在夏天附近農民的南瓜和芋頭豐收，價錢特別便宜的時候，母親給我們吃幾頓南瓜燉芋頭，打打牙祭，其餘大部分時間我們都是吃廉價的空心菜或小白菜，有時候母親窮得連空心菜或小白菜也買不起，我們只好吃醬油拌飯，不只一次家裡米不夠，母親讓妹妹和我吃飽，她自己挨餓。

父親連裡的弟兄們很關心同情我們的處境，他們建議母親送我到部隊裡去跟他們一起生活，他們對母親說，他們那麼多人，每人每餐少吃兩粒米就足以養活我一個孩子，他們當中有許多學問很好的人，可以教我念書，絕對不會比我的小學老師差。母親想想，與其留我在家裡跟她一起挨餓受罪，不如讓我到部隊裡去，那裡的伙食總比家裡好，我走了以後也可以減輕她的負擔，養活她和妹妹兩個人要比養活我們母子三個人容易得多，於是母親接受了他們的好意，同意送我去部隊。

那時期共產黨一直在叫囂著要血洗台灣，父親所屬的部隊奉命去防守苗栗縣的海岸線，駐在通霄南邊一個叫五里牌的小漁村。延書叔是連裡的軍需官，有天他去苗栗辦事，乘空回到銅鑼山上來探望他的家人，母親託他順道把我帶到部隊裡去。那天下午母親為我準備了一個小包袱，包了幾件我換洗的衣服，我帶了包袱，懷著一顆忐忑不安的心，跟著延書叔搭車去五里牌。我不記得中途換了幾班車，只記得坐在苗栗客運的汽車上，車顛得很厲害，我暈車想吐，同車的一位年輕人教我看遠處的青山。等我們到達了連部在五里牌海邊的所在地，天都黑了。延書叔要趕著去辦公，把我交給了連部的傳令兵陳傳璽叔叔，他熱心地照顧我，好像事先知道我要來，我的心情舒坦了許多，不再那麼緊張。當晚我睡在陳叔和其他幾位傳令兵的大通鋪上。

第二天早晨，我姑父祝煥業派他的傳令兵劉清維叔叔到連部來接我。姑父是我婆婆娘家本家的姪兒，姑姑是我大爺的女兒，所以他們的婚姻也像我的父母一樣是親上加親。姑父婚後離家到外頭去做事，共產黨來了以後，家裡同樣遭到鬥爭，回不了家，在青島加入了父親所屬的軍隊。青島撤退時被選入劉安祺將軍的幹部訓練班，直接被送去台灣鳳山受訓，沒有跟著部隊去海南島。部隊到了台灣以後，他受訓完畢被分發回來當排長，他的排部設在連部南邊大約一公里靠海邊的一處民房裡，當時父親在他排裡當班長，帶著他那一班的弟兄駐在排部附近一個建在沙灘上的碉堡裡，每天二十四小時警戒著前面的海岸線。姑父和父親見到我很高興，排上的其他叔叔伯伯們也都熱情地歡迎我，排部房東的三個大女兒對我尤其好，她們把昨天晚上捉到的，才煮熟不久的螃蟹拿出來招待我。剛離開家我有點傷感，但是周圍有那麼多關心我的人，白天的一天很容易地就過去了，到了傍晚我開始感到焦慮和不安，擔心晚上要睡在哪裡。天黑了，姑父鋪好床，要我在他那裡睡，我不肯，堅持要回前一晚睡的連部陳叔那裡去，對不到十歲極度沒有安全感的我，任何現狀的改變都令我感到恐懼。姑父教劉叔把我送回連部去，一路上劉叔不斷地用他那薛家島的土話對我說：「你真糗（笨）！你這個糗巴（笨蛋）！」

在五里牌住了一段時間，又跟著部隊去了台中大甲郊區的鐵鉆山，初夏再搬到座落在大甲鎮市區，靠鐵路的一處營房裡。那時候國軍正在秣馬厲兵，準備反攻大陸，部隊每天都在緊張地操練，沒有人有時間和精力教我念書，事實上我根本沒有書，教也無從教起。于洪修叔叔在連上當排長，有次他去大甲鎮上辦事，帶回來好幾本筆記本和鉛筆給我，要我練習寫字，我不知道寫什麼，鉛筆我修了，筆記本一直是空白的，後來我把筆記本帶回家，在上三年級的時候才派上了用場。我整天無所事事，除了漫無目的地的在營內營外到處逛逛，大部分的時間都待在廚房裡，廚房裡的伯伯們對我很照顧，我和他們一起吃飯，晚上睡在于秉基伯伯的蚊帳裡，我也幫他們做些像摘菜、提水的小事。學校放了暑假，延書叔把國蕃也帶到部隊裡來，看到了國蕃我非常高興，有了伴，日子好過得太多了，一個悶熱的長暑假不知不覺就過去了。暑假過後，為了不荒廢我的學業，母親請延書叔在送國蕃回家的時候，也一併把我帶回去上學，結束了我的「軍旅生涯」。

我很興奮又回到了銅鑼山，回到了我熟悉的地方，看到了許久不見的母親和妹妹，看到我離家時母親飼養的小雞長大了。幾個月來我第一次睡在我自己的床上，睡得竟是那麼樣的香甜。學校開學了，我升三年級，級任老師換為邱榮標老師，我有了自己的新課本，也拿到了我上學期的成績單，上面記載著我曠課三十三天，扣六點六分，名列班上第三十名。

22

大弟的出生

父親（左）與綿林爺。

我們搬到銅鑼山上有了固定的住址之後，我舅舅孫文亭打聽到了我們的下落，與我們聯繫上了。舅舅所屬的八〇八團在萬民號船上和我們分手以後，去了廣州，在那裡他們參與了一場慘烈的國共戰役，國軍受到了重創，在敗退的亂軍中，由於黃毓峻團長的卓越領導，帶領他們脫離了險境，來到了台灣。黃團長畢業於陸軍官校第十期，年輕幹練，來台灣後，官途順暢，曾任中將軍長、軍團副司令。舅舅之外，我們家其他的親戚，包括姑父、延昇叔和綿林爺，都是與我們隨同一個部隊先後到了台灣。綿林爺是我們的本家，住在我們老家韓家夼的南街上，家裡不富有，但日子過得去，人口十分簡單，除了夫妻倆只有一個在襁褓中的兒子。民國三十六年（西元一九四七年）國共戰爭正劇，雙方死傷慘重，共產黨急需新兵，村幹部強迫他去參軍，在一次戰役中，他的部隊被打散了，他自己一個人跑去了煙台，找到了父親，參加了父親所屬的部隊，和我們一起到了台灣。綿林爺是一個非常正直善良的好人，剛到台灣時他在部隊裡當班長，他班上有幾個調皮搗蛋的傢伙，欺負綿林爺善良，經常給綿林爺製造麻煩，綿林爺想盡了辦法安撫他們，效果總是有限，讓綿林爺很頭痛，加上他的連長老找他的碴，他一氣之下不幹了，跑去左營參加海軍陸戰隊，從兵當起。我們這些親戚都是孤伶伶的一個人跑了出來，逃難在外，他們把我們這個家當成他們自己的家，不時地回來看看我們，逢年過節，如果部隊許可一定回家來過。他們的軍階都很低，薪餉少得可憐，他們還是一分一毛地省下來，在那段貧困的日子裡幫助我們度過了很多的難關。

民國四十年（西元一九五一年）暑假過後，我從台中大甲父親的部隊回家上學，父親連上的弟兄們把父親每個月個人的口糧用糧票提出來送給我們，母親可以憑票到銅鑼的補給單位去領米，大大地減輕了母親在維持我們母子生活上的壓力。學校開了學，妹妹上一年級，我上三年級。我仍然在原先的乙班，新的級任老師是邱榮標先生。三年級如同在二年級一樣，我每星期去學校六天，每天上半天課，主要的課程還是算術和國語，算術仍然很容易，國語我依舊不會用注音符號拼音，不同的是我有了自己的課本，我把每個字的注音符號硬背下來，在考試的時候不見得會百分之百的對，但比起二年級來大有進步。放寒假前一天的早晨，在出門上學之前，我對母親說，我那天可能會得獎。母親有些不敢相信。去到學校，學校發表那學期的成績，我在班上名列第三，獲得一紙獎狀和幾枝鉛筆。

母親懷孕了，我大弟曲溫蕃於民國四十一年八月二十四日出生，那天一大清早天還沒有亮，在沒有助產士或任何人的協助下，母親自己在她睡的內間床前把大弟生了下來。最早聽到大弟落地哭聲的是袁大娘，她跑過來幫母親把大弟放在臉盆裡洗乾淨，用母親預先準備好的毛巾把他包了起來。緊跟著姜大嬸走了進來，在外間床上睡的我，也被她們吵醒了。我不記得我有沒有被准許進到內間去看看我剛出生的大弟，只記得天剛亮，母親要我把大弟的衣包（胎盤）拿出去挖個洞埋起來，我把它埋在門前我種的一棵木瓜樹底下，那年那棵木瓜樹長得特別茂盛。早晨，左鄰右舍都知道我們家新添了一個弟弟，走過來向我們道喜，他們打趣地對我說：「這下可好了，你不用再怕人家問你兄弟幾個了！」因為他們都知道我曾對母親抱怨過，別人家都有兄弟好幾個，唯獨我們家只有我一個，每次生人問起我來，我都有點難為情，不好意思回答。

父親請了幾天假，回來替母親做月子。依照老家的習俗，大弟的出生必須通知母親的娘家，父親帶著妹妹和我走去告訴當時駐防在苗栗大坪頂的舅舅。舅舅跟著我們回來看望母親和大弟，天熱，回程的路上妹妹和我走累了，逢到路邊的空地上有人搭了一個棚子，堆了一大堆西瓜在賣，舅舅帶我們到棚子底下買了一個很大的西瓜，借用主人的刀把西瓜破了開來，我們坐在凳子上飽吃了一頓西瓜，休息夠了才再走。回到家，父親做了兩樣可口的菜招待舅舅。父親像二爺能做一手好菜，那天他燒了一條紅鯛魚，其味道之鮮美至今難忘。等母親能下床燒飯，父親又回部隊裡去了。滿月的那天，母親要我背了小半袋麵粉去中興飯店，請孫媽媽幫我們用她手搖的機器軋成麵條，回來請鄰居們吃滿月酒。孫媽媽堅決不肯收我們的錢，說這算是送給我們家新壯丁的禮物。我們家的外間太狹小，姜大嬸和袁大娘把他們兩家的屋子一起讓出來請客，他們忙著炒菜和下麵，左鄰右舍都來幫忙。除了打滷麵和炒菜，母親還叫我到山下十字路口的雜貨店，買回來了太白酒。太白酒是用台糖公司製糖的副產品糖蜜所大量釀造的廉價酒，很受當時低收入的農人、工人、軍人和原住民的歡迎。後來隨著台灣經濟的改善，與當時廉價的香蕉牌香菸，一起被淘汰了。那天我和鄰居們一起盡興地吃菜、喝酒、吃麵，菜裡有一大盤我難得吃到的韭菜花炒肉絲，我就著它喝了不少太白酒，可能是酒喝多了，當天晚上我感覺到頭很疼。

在山東牟平鄉下老家，產婦做月子的傳統食物是雞蛋和稀飯，出來逃難，母親和村子裡的媽媽們仍然盡可能地沿襲著她們熟悉的習慣。來到銅鑼山有了地方養雞，母親一直飼養著一隻母雞，但是那時候的土雞產蛋量有限，一次連續生十個八個蛋就停止生產，要蹲下來孵小雞，如果有蛋讓它孵，那是最理想不過的事，三星期後小雞出了蛋殼，母雞帶著一群小雞在屋前空地上覓食，構成一幅特別溫馨的畫面。可是大部分的時間母親要它繼續生蛋，不要它孵小雞。沒有蛋讓它孵，母雞仍然像孵小雞一樣，蹲在雞窩裡動也不動，要等個把月，過了這段孵雞期，它才會重新開始生蛋。母親為了縮短母雞這段不生蛋的孵雞期，不得不用各種方法不讓它蹲在雞窩裡，母親用繩子把母雞的腿綁到門外的柱子上，不讓它進到窩裡去，或用冷水沖洗母雞的全身，讓它濕淋淋的蹲不下去，令人看了十分不忍。這些為數不多得來不易的雞蛋，母親平時還得要用它來招待客人，以及過年過節和其他的不時之需，因此在大弟出生前，母親沒有能積存多少個雞蛋來給自己做月子。由於多年來的營養不良，母親產後奶水不足，鄰居們給她出了很多的偏方，像吃不放鹽煮的河蝦等，她試過後都沒有顯著的效果。那時候我們的營養知識貧乏，不知道那些偏方不是特效藥，要吃多了才會有用，不可能一帖見效。事實上與其求助於這些昂貴的偏方，倒不如多吃點遠較便宜的黃豆和豆腐，或是比什麼都便宜的地瓜，對於母親的奶水或許會更有幫助。我有位同班同學，他父母親每天一大早坐火車到台中豐原販蔬菜和水果來銅鑼菜市場裡賣，爺爺在苗栗大坪頂軍營擺地攤的時候，曾向他們批發過水果，與我們家認識。每當他們有賣不掉剩下的菜，我同學的母親就會要我同學在放學後邀我一起回他家，給我一些帶回家裡。剩菜中時而會有顧客挑撿後不要的芋頭，母親捨不得給妹妹和我吃，留下來煮熟了餵大弟。母親用芋頭、稀飯和親戚送的幾罐奶粉來補助她自己奶水的不足，把大弟養得白白胖胖、健健康康的。

民國四十二年，由於大量的美國對台軍援和台灣當地服兵役新兵的入伍，國軍作了大幅度的更新和整編，所有到了某個年齡的現役士兵，除了技術兵都可以申請退役。父親當時已被調到連部任有線通信上士，與隔壁的姜大叔同是通信兵，雖然他們都符合了退休的年齡，但是通信兵屬於技術兵，按命令不准退役，母親和姜大嬸非常失望，認為政府既不給眷糧又不准退役，分明是要把我們活活地餓死。氣憤之下，母親抱了大弟和姜大嬸一起上訪，去苗栗找團長要東西吃。團長也拿不出什麼具體的辦法，每家給了幾斤米，打發了她們回來。全台灣吵鬧喊不平的士兵眷屬實在太多了，國防部最後答應從民國四十三年元月起，比照軍官眷屬發給士兵眷屬眷補，一向不管士兵眷屬死活的國軍最高當局終於破了例。

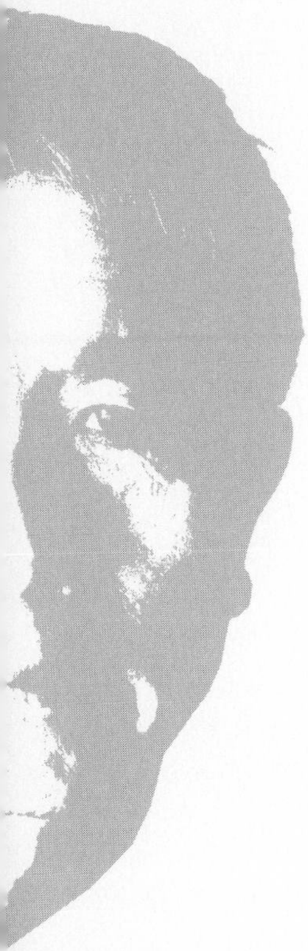

23

山上成長的日子

爺爺、爸媽、妹妹、大弟與我（右一）。

民國四十三年（西元一九五四年）元月，我們開始領眷補，生活上有了基本的保障，我們不再需要父親連上弟兄們為我們省下的口糧，他們的這份恩情，我們終生感激。村子裡也有了很大的變動，許多家的男主人退了役，帶著他們的妻小，搬到別的地方去工作。和我們住在同一棟眷舍的袁大娘家的袁伯伯和臧大嬸家的臧叔叔都退役了，他們兩家搬去了台北，去投靠早幾年到台北謀生的袁爺爺和臧大嬸的父母邢爺爺和邢奶奶。他們搬走後空出來相鄰的兩間屋子，我們家搬了進去。我們原先住的那一間讓給了隔壁的姜大嬸，這樣我們兩家都各有了兩間屋子。父親回來在我們那兩間靠近門口的隔間牆上，開了一個門，把兩間屋子從裡頭打通，再把其中一間到外頭的門堵了起來，把它隔成兩個半間，外面靠門的那半間作廚房，裡面的那半間放了兩張單人床，一張是我的，另一張是給爺爺準備的，逢年過節他回來，我不用再把我的床讓給他，去鄰居家跟朋友擠。另一間父親也把它隔成兩個半間，裡頭那半間作為母親的臥室，外頭的那半間放了一個單人床，平日母親在那裡做手工，有親戚回到家來，母親把放在床上的東西收拾起來，鋪好被褥，掛好蚊帳，讓親戚晚上在那裡睡。住的空間寬鬆了，家裡斷斷續續地添加了一些家具，母親去買了兩把便宜的藤椅，床沿之外多出來兩個坐的地方。父親從部隊裡帶回來幾塊從空子彈箱子上拆下來的舊木板，他拿到銅鑼老街上的木匠鋪，請木匠做了一張長方型的矮飯桌和幾個小板凳，拿回來放在廚房裡，我們全家從此可以坐著小板凳，圍著飯桌吃飯。其後又替我做了一個帶抽屜的書桌，放在我房間兩張床靠窗子的中間，我升了級，不用坐著小板凳在床上做功課。

村子裡搬出去的不只是退了役的家庭，有些現役的也陸續地往外搬走了。那時期政府在一些較大城市的郊區蓋了許多新眷村，新眷村房子的格式和大小都比我們現在住的好很多，其建築和設施更是大不相同，他們的房子蓋得比我們的要高，外牆是磚砌的，屋頂是瓦蓋的，門是木頭的，窗是玻璃的，地上鋪的是水泥地，每戶都裝有自來水和電燈，比起我們這沒水、沒電、竹牆、竹頂、竹門、竹窗、泥巴地的原始眷村來，足足差了一個世紀。新房子的配給當然是以軍官眷屬為優先，我們村子裡有不少當官的家庭，先後在這些新的眷村裡分到了房子，近鄰中有我們屋後坡上那一排的劉媽媽一家搬去了新竹，父親的老上司喬營長一家搬去了后里，我的同學周自源一家搬去了台中。村子裡搬走的越來越多，一大半的屋子空了出來，管理眷屬的要我們往村子前面的空屋子裡搬，把村子後面靠山的那幾棟房子整個空出來拆掉，拆下來的破舊竹子，分給大家燒火煮飯，以減少以後維修的費用。我們和姜大嬸都搬了家，新搬去的仍然是兩間屋子，父親仍照先前的樣子，把兩間屋子從裡頭打通，分別地間隔了起來，我們在那裡一直住到民國四十七年的春天，才和姜大嬸家一起搬離了銅鑼山。

那年，一位住在新竹做髮網生意的同鄉到村子裡來，教家庭主婦們利用空餘的時間替他結髮網，按件計資。工錢雖少，但在當時是一個做家庭副業的難得機會，村子裡的媽媽們踴躍參加。母親從前在娘家和婆家都結過髮網，雖然隔了多年，結起來依然是手工精細，快捷熟練，令我們這位同鄉十分讚賞。一個髮網最難處在於最後的收網口，網口的網目大小有所變化，不像網身那麼單純劃一，初學的人很難勝任。我們這位同鄉採取分工的辦法，由初學的媽媽們結網身，交給母親來收網口，給予母親較高的工資，這個安排三方皆大歡喜。有了結髮網的額外收入，家裡的經濟獲得了進一步的改善，但日子過得還是很清苦。除了逢年過節或是家裡來了客人，母親很少到市場上去買菜。吃的大都是附近農家年輕婦女來村子賣的菜，那些菜原是她們種給自己家裡人吃的，家裡人吃不完剩下來的，她們拿到村子裡來賣，賣了作為自己的私房錢。菜的種類隨季節而變化，有蘿蔔、包心菜、茄子、四季豆、蠶豆、黃瓜、南瓜、絲瓜、芋頭和各式各樣的綠葉菜，但是我們吃得最多的還是那些不太有季節性，價錢便宜的空心菜和小白菜。我最羨慕我們鄰居陳大娘炒空心菜時，放幾根小魚乾去調味，比起母親淡而無味的清炒來，鮮美好吃得太多。我曾向母親懇求過好多次，請她也如法炮製，給我們換換口味，母親就是捨不得花錢去買小魚乾，她說她要省錢，供我將來上大學。

像村子裡其他的家庭一樣，為了能讓母親有多一點的時間做家庭副業，妹妹和我一放學回家就幫忙照顧大弟，村子裡的孩子多，大家玩在一起，特別的熱鬧和歡樂。我學會了做許多的家事，除了到井裡去提水和在井邊淘米、洗菜、刷鍋洗碗之外，有時也幫母親生火煮飯，那時候還沒有電鍋（就是有電鍋也沒有電），我能用普通的鍋，控制爐子裡的柴火，燒出來硬軟適度，香噴噴的大米飯。雖然我們的眷補配有焦炭，我還是如往常一樣和村子裡的其他孩子們，在週末和假日，結伴到山上去撿拾枯樹枝，扛回家燒飯，把省下來的焦炭報繳給政府，政府發給每包十五塊錢的代金。撿拾枯樹枝當然要找有樹的地方去，我們跑遍了山坡上及河溝兩旁的樹林和鄉間的土地廟，尤其是土地廟。當地大多數土地廟蓋的模式，與我們村東頭那座相仿，廟後和兩旁種有大樹。颱風一過，地上散布著從樹上吹下來的枯樹枝，當地的居民怕引起伯公（土地公）的不悅，不敢撿回家去燒，我們這些外來的化外之民，壓根兒就沒有想到會有這方面的顧慮，糊裡糊塗地占了便宜，這不能不歸功於伯公的「神助」。地上的枯枝撿光了，等不及颱風的再來臨，我們爬上樹或是用一根帶鐵鉤的長竹竿，將樹上的枯枝折斷拉下來。村子近處的樹下和樹上都找不到枯樹枝了，我們就往遠處走。我們經常往東翻過山，到雙峰山的東麓和後龍溪的河谷去，或是往西越過西湖溪，到對岸九湖的山上去。每次一大早吃完早餐就出門，有時候要到下午才能撿到足夠的樹枝扛回來。我們從不帶乾糧也不帶水，肚子餓了，餓過頭就不感覺餓了，口渴了則用手捧著山溝裡的泉水喝。不記得是誰告訴我們的，在喝泉水之前先要吐一口吐沫在水裡，如果吐沫很快地散開來，表示水沒有毒，可以喝，如果吐沫不散，表示水有毒，不能喝。我不知道這個鑑定方法是不是正確的，因為我從來沒有逢到過吐沫不散的水，也從來沒有喝出病來。沒有喝出病來更可能的原因是，在衛生條件極端惡劣的逃難過程中，各種各樣的細菌和病毒早已侵入到我的身體裡，體內的免疫系統不但保護著我活了下來，而且還在與這些細菌和病毒的奮戰中產生了抗體，以至於我已經到了武俠小說裡所說的「百毒不侵」的地步。

在學校裡我也往前跨進了兩大步。首先父親在前一年找到了姜守業叔叔，那時候他已經從部隊裡退下來，轉業到台中的山區裡去，老兄弟再見面，自然是不勝唏噓。父親感謝姜叔叔當年幫了我們大忙，讓我們母子和爺爺得以順利地跟著上了船，逃了出來。姜叔叔在父親帶去的文件上蓋了章，把我們的戶籍從他的名下轉到父親的名下，父親拿到部隊和銅鑼鄉公所完成了法律程序，我也在學校裡恢復了我的原名曲潤蕃，不再叫姜云平。其次在四年級上學期的一個偶然機會裡，我學會了注音符號。事情的經過是這樣的，有一次國語競試，級任老師李玉光先生和我都預期我會滿分得獎，可是結果發表以後，出乎我們的意料，我名落孫山。李老師把考卷調出來，和我一起查看錯在哪裡。他發現有一個二聲的字我拼成了三聲，為了糾正我的錯誤，他把二聲和三聲的不同唸法唸給我聽，我恍然大悟，終於明白了四聲是怎麼回事。從那個時刻起，我能正確地用注音符號拼音、認字，不用再花那麼大的力氣去強記符號來應付考試。不過我最喜歡和表現最出色的還是算術。五年級以後的算術著重於像雞兔、植樹、年齡、溫度、時間、面積之類的應用題。每次考試如果有哪一題我第一眼看了不會做，我知道我又要出風頭了，因為很可能我們全班甚至全年級只有我一個人能做得出來。

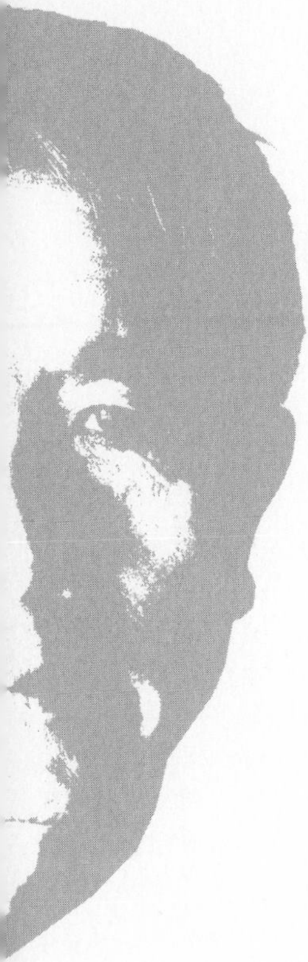

24

升學考初中

民國四十三年的暑假過後，我升入了六年級，上了畢業班，這個學年念完我們就要畢業了。同學中有一半準備畢業後升學上初中，另一半準備畢業後回家幫父母親種田，不再繼續上學。學校將我們原先的兩班半男生和一班半女生按照升學與不升學分開來上課，分成男女混合的兩班升學班和兩班不升學班。兩班升學班又按程度，把程度較好的學生放在一班，其餘的放在另一班，程度好的那班教學的內容比較深，另一班則比較淺。我和常在一起玩的乙班同學馬森松、黃長雄、邱良毓、邱肇毓、羅英男、劉先棠，都被分在程度較好的那班。為了迎接來年的升學考試，升學班必須要同時學習六年級的新功課和復習五年級以前的舊功課。學校加強了升學班的教學陣容，除了原先的四位級任老師共同授課之外，還特別請劉添慶老師教我們算術。劉老師畢業於新竹師範學校，是當時學校裡一位最具聲望的資深老師。

那時候的中學分為省立、縣立和私立。省立中學不多，班數又少，任何省立中學的錄取率都在百分之十以下，想要考進去非常不容易，每個學生都在拚命地努力，以能考進省立中學為榮。升學率決定了學校的聲譽，學校不遺餘力地來幫助學生們準備。考試的科目有算術、國語和常識，常識包含了地理、歷史、自然和公民。國語和常識的命題都是依照教育部編訂的標準課本，除了作文題，範圍和答案都是固定的，坊間售有「常識輔導」、「國語輔導」之類的升學參考書，彙集了這些科目的所有重點，學生人手一冊，背得滾瓜爛熟，考試的結果對於用功的學生很難分出高下。算術雖然也有範圍，但是問題裡的參數可以任意更改，問題的本身也有很多的變化，答案不可能是固定的，必須要靠充分理解和熟悉問題的演算方法，才能以不變應萬變。六年級算術的重心在於面積、植樹、距離、速度、溫度、年齡、雞兔等應用問題的演算。劉老師教我們圖解算術，教我們如何把抽象的應用題依題意畫成圖，用圖來幫助解答這些問題，圖讓許多原本看起來極為複雜的問題變得清晰簡單得多。六年級還沒有學代數，用算術來演算像父子年齡和雞兔同籠這類有兩個變數的問題最令學生頭痛。劉老師教我們對各種題目的可能變化，導出一套套的演算步驟，反覆練習的結果，我們一看到題目就知道怎麼去做，連大腦都不需要經過。

劉老師除了教我們算術，還鼓勵我們幾位同學寫日記，他每星期為我們批改，加強我們作文的能力，同學中有原先甲班的劉家正、李歡喜，乙班的羅英男和我，羅英男是羅校長的公子，非常的優秀，我不記得還有沒有其他的同學。學校為我們班上訂有《國語日報》，另購買了一套「伊索寓言」和一套翻譯的童話，忘了是學校還是同學訂有《東方少年》和《學友》期刊，在同學間傳閱。這些書報和期刊裡的文字都伴有注音符號，讀起來很容易，內容更是淺顯動人，記得在一期《東方少年》上讀了一篇莎士比亞的《威尼斯商人》，法官的巧妙判決至今記憶猶新。這些絕佳的兒童讀物不只是對我的作文有所幫助，喜歡讀文學方面的書也是從那時候開始。我由衷地感激我的啟蒙老師李玉光和劉添慶兩位先生。

升學考試要報名了，省立中學中從銅鑼每天可以坐火車通學的有省立新竹中學和省立苗栗中學。省立新竹中學位於新竹市，只收男生，創立於一九二二年，歷史悠久。台灣光復後一直由辛志平校長主校，校風和師資均屬一流，名氣很大，是所有苗栗、新竹和桃園三縣男學生的夢想學校。但是從銅鑼到新竹坐火車有七站，早晨必須要趕五點五十分的火車，才能來得及上課。省立苗栗中學位於苗栗鎮，在日據時代是個女子家政學校，光復後才改為男女兼收的普通中學，歷史、師資和名氣都遠不如新竹中學，但苗栗鎮離銅鑼坐火車只有兩站，每天早晨趕七點十分的火車就來得及上課。住在新街和老街上離火車站近的七位同學，包括好學生劉家正、羅英男和李歡喜，決定報考新竹中學，我和其他大約一百位同學一起報考苗栗中學。兩間學校雖不聯合招生，但在同一天考試，老師為我們集體報名。

考試的前一天，母親給我錢到市場上去買一小片豬肉，準備回來煎一煎給我第二天帶飯包。那時候賣豬肉的把肉秤好以後，在靠豬皮的地方切一個孔，穿進一根草繩用來提豬肉，然後再切一小塊豬肉套在草繩子，作為額外的附送（好像那時全中國賣肉的都有這個習俗）。賣豬肉的抱怨我的那塊肉太小了，他費了很大的力氣才找到一小塊肉套在我的草繩上。第二天一大早母親起來做早飯，為我準備飯包，我和國蕃及村子裡另兩位女同學一起走到火車站，與其他參加考試的同學在那裡集合，由李玉光和李國章兩位老師帶領我們坐五點五十分的火車到苗栗中學去參加升學考試。

考試中的國語和常識題目都很正常，沒有什麼意外。算術倒是有些爭議性，其中有一個題目是這樣的：一塊木板長六公寸寬四公寸，切成一個最大的圓，剩下的面積是多少？在考生中對於「剩下的面積」有兩種不同的解說，一種解說是那個最大圓的面積，另外一種解說是除了那個最大圓以外的面積。我的解說是第一種，那個最大圓的面積，因為在鄉下如果有人問一百斤稻穀碾成米，剩下的是多少？指的是米，不是稻殼。不過大家反覆推敲的結果還是認為第二種，除了那個最大圓以外的面積比較恰當。

學校放榜的那天，我吃了早飯就和同學一起坐火車到苗栗中學去看預期十點鐘的放榜。到了學校，榜已經提前貼了出來，兩千多名的男性考生中錄取兩百名，一千多名的女性考生中錄取一百名。我們學校有五位男生和一位女生錄取。在錄取的兩百名男生中我名列第十二名。我很興奮地趕火車跑回家去告訴母親。母親不在家，我跑到井邊去，看到她和別的媽媽們並排坐在池塘邊洗衣服。我站在她的右後方告訴她我考取了，名列第十二名，母親沒有回頭，但我從側面看到母親的臉，知道她很高興。

參加新竹中學升學考試的七位同學，結果也不理想，只有劉家正一個人考取，連羅英男和李歡喜兩位頂尖的高材生都落榜了。後來他們兩位考進了縣立竹南中學。苗栗中學因為有太多好成績的學生落榜了，學校獲准增加錄取男生一班五十人，我們學校有兩位在錄取的名單上。其餘絕大多數的同學都去就讀銅鑼國民學校山坡下的私立文林中學。

在驪歌聲中就要與五年來「筆硯相親，晨昏歡笑」的同學離別了，不再能受教於「誨我諄諄，南針在抱」歷年來教我的老師，在這「揚帆待發的清曉」，心裡感到的不是對未來的期待，而是對過去的萬般不捨。

25

多事的初中一年級

待我就像自己孩子的袁伯伯、袁大娘一家。

民國四十四年（西元一九五五年）秋天，我上省立苗栗中學讀初中一年級。母親每天清晨一大早起來為我做早飯，早飯做好後，叫我起床刷牙、洗臉、吃飯，並為我準備好中午的便當。我匆匆吃完早飯後把便當放在書包裡，背了書包跟住在鄰近的同伴一起走兩公里的路，到銅鑼火車站趕七點十分的火車去苗栗上學。那時候家裡沒有鐘也沒有手錶，無法知道準確的時間，但是母親不管颱風、下雨或生病，都能按時起來做早飯，打點我上學，在我念初中的三年裡，沒有一次耽誤過我趕火車的時間。有天母親把我叫醒，天還沒有完全亮，下床後看到母親在廚房微弱的燈光下，用布擦拭她剛坐過那張小板凳上的血漬，樣子很虛弱。她仍如往常一樣給我吃早飯，為我準備好便當，看我出門。晚上放學回家，很高興看到父親回來了，覺得有些不尋常，怎麼他在燒晚飯。我放下書包走進母親的臥房去找母親，看到她躺在床上，才知道昨天夜裡母親流產了。

初中一開始，人生地不熟，日子過得很不愉快。班上絕大多數的同學都是來自苗栗縣各地的客家人，有不成比例的一大批是當地苗栗鎮人，畢業於近在咫尺的大同和建功兩個國民學校，他們人多勢眾，氣勢凌人。從銅鑼來的只有我和另外一位客家同學，人單勢薄，十分孤立。我早先住在五湖的時候感染過惡性瘧疾，差一點喪命，這些年都還在康復中，延緩了我的發育和成長。由於我的個子矮小，又屬於班上極其少數的外省人，小孩子欺生，使我成了被霸凌的對象。有幾個同學常起鬨，叫我「長山仔」，用言語來欺侮我，更有一兩個喜歡打架的，常來作弄我，向我挑釁，令我非常的憤怒，恨透了這些傢伙。有一次又有人來作弄我，在忍無可忍的盛怒之下，我站起來走到教室的後面，與那個傢伙扭作一團，打了起來。平日打柴、挑水、幫母親做粗重的工作，無形中鍛鍊了一副好手腳，一架打下來，出乎所有人的意料，我竟占了上風，令在一旁觀看的同學嘖嘖稱奇，從此班上所有的人對我刮目相看。在學校裡受欺負歸受欺負，從未敢回家告訴母親。

禍不單行，另一件不幸的事發生在我初中一年級放寒假過農曆年的時候。忘記了那天是年初幾，我和村子裡幾個同伴一同去銅鑼街上租腳踏車，推到文林中學操場上去練習騎。當時年幼無知，不知道危險，我和一個同伴同騎一輛腳踏車繞著操場的跑道轉，一不小心，人和車子一起摔倒在地上，當我要爬起來，發現我右手的小胳膊整個折斷了，我嚇壞了，傷心得大哭，我的同伴也都嚇慌了，大家匆忙地還了腳踏車，有個同伴先跑回村子去告訴我的父母，其餘的陪同我慢慢地走回家去。我用左手扶著我折斷的右胳膊哭著往回走，心裡害怕極了，害怕等一下怎麼面對我的父母，害怕我要是殘廢了，我這一輩子怎麼辦。經過菜市場，有人看到了，跑進菜市場裡面去告訴一位會接骨的肉攤主人，這位先生出來帶我到他市場附近的家裡去，他把我的胳膊平放在一張桌子上，用手摸索著把我胳膊皮下折斷的兩根骨頭接起來，用木板固定住，然後用布包紮好。這時候父親找來了，主人對父親說，我傷得不輕，兩根骨頭都斷了，他沒有把握一定能接好，他建議父親帶我去找個專家看看。臨走他堅持不肯收父親的錢。回到家，左鄰右舍都來關心，紛紛向父親提建議，住在隔壁棟的孫伯伯對父親說，在台北市羅斯福路靠和平東路口的地方，有家專治跌打損傷的醫院叫「于善堂」，是我們山東人開的，很有名，何不去那裡看看？父親和母親商量之後，決定採納孫伯伯的建議。母親稍微為我們收拾一下，父親隨即帶著我去火車站趕火車上台北。妹妹後來告訴我，母親在我們走後大哭了一場。

那時間停靠銅鑼的只有慢車，到台北要停二十三站，花四個半小時，到了台北已經很晚了。不巧爺爺在年前決定，那年過年後他準備留在家裡長住，不再回台北工作，他原先住的自己那間在新生南路邊上靠近和平東路的小房子，已經租了出去，準備過了年把它賣掉，因而在台北我們沒有了住處。下了火車，父親雇了一輛三輪車拉我們去中和鄉找延昇叔，街上冷冷清清的，住家的沖天炮此起彼落，大家還在過年。在延昇叔工作的地方住了一晚，第二天一早父親帶我到靠近和平東路和羅斯福路的金山街，去找我們的老鄰居袁伯伯和袁大娘。袁伯伯和袁大娘熱情地接待我們，看我跌斷了胳膊，很心疼，他們路熟，帶父親和我一起走去「于善堂」。「于善堂」的主人用透視鏡看了一下我的胳膊，說當初給我接骨的人，接得很不錯，然後為我重新包紮，用來固定我胳膊的是一塊用粗鐵絲編的網，感覺上遠不如原先的木板來得牢固，另外他給了父親一些黑色的中藥丸，要父親每日給我按時服用，過幾天再帶我去複診。回到袁伯伯家，袁伯伯和袁大娘對父親說，要我留下來，住在他們家就近就醫。當時金山街一帶蓋了許多違章建築，從前與父親一塊打游擊，來台灣後從部隊裡退下來的老長官和老弟兄中，絕大多數帶著他們的眷屬來台北謀生，其中有一大半聚集在這裡。簡陋矮小的房子，曲折窄狹的巷子裡住的都是熟人，比銅鑼山還要熱鬧，我的好朋友小擋子和大金哥全在這裡。袁伯伯全家五口住在一間頂多四坪大的屋子裡，一進門的左手側靠牆放著袁爺爺睡的單人床，床頭和床的右半側用比人頭略高的木板隔了起來，屋子的盡頭是一張袁伯伯、袁大娘和他們小兒子居彬睡的大床，大床的右側是大兒子居祺睡的小床，其餘的地方放置著簡單的家具和日常用的東西，以及留出來的一小塊走道，袁大娘在門口的屋簷下燒飯。袁伯伯和袁大娘要居祺到大床上和他們一起睡，把小床讓給我。在銅鑼山袁大娘一向待我像她自己的孩子，居彬、居祺和我相處得也如親兄弟一樣，住在他們家就像住在我自己家一樣地自在。午飯後，父親留下我去了延昇叔那裡，第二天早晨再回到袁伯伯家來看我。袁伯伯和袁大娘要父親放心回去，這裡有他們照顧我，不會有問題。臨別我看到父親掉下了眼淚，這是我有生第一次看到父親掉眼淚，袁伯伯和袁大娘安慰他說：「小孩子在成長中跌傷筋骨是常見的事，你難過什麼？」父親說：「他在學校裡功課還不錯，我只有這麼點希望。」

袁大娘按時帶我去「于善堂」複診、拿中藥丸，其間父親來看過我一次，可是恢復的狀況並不理想，後來複診發現原先接在一起的骨頭又散開了，而且每下愈況。最後一次父親來台北帶我去複診，「于善堂」的主人用透視鏡看了以後說沒有接好，他已無能為力，要我們另請高明，最好去西醫院開刀，夾鋼板打釘子。我聽後有如晴天霹靂，大哭了起來。

辭別了袁爺爺、袁伯伯、袁大娘和袁家兄弟，父親帶我回家，不用說母親看了比誰都難過和著急。那時候在苗栗火車站前面不遠處有座陸軍野戰醫院，父親部隊裡的人受了傷，或是患了營區醫務室不能治的大病，都送到那裡去醫治，有幾位父親的同事正在那裡住院。明知道像我們這種沒錢、沒勢、沒有門路的人希望不大，父親還是姑且一試，帶我去那裡看看有沒有開刀的可能性。情況一開始就很明顯，父親請求醫院為我的胳膊照一張X光片，他們向父親要買底片的錢。要請他們為我動那麼大的手術，沒有能力給他們任何的好處，豈不是異想天開。

苗栗火車站前面往東有條通往頭份的公路，越過後龍溪有個叫頭屋的小城。有人向我們推薦那裡的一位專治跌打損傷的中醫老先生，說他醫術非常高明。父親帶我去求診。頭屋地方不大，許多人都認得他，我們很快地就打聽到了他的住處，正好他在家，一進門看到屋內四周的牆上掛滿了病人銘謝的錦旗，原先的憂慮去了不少。老先生並不老，大約五十幾歲，身體很好，顯然是練過武術的人。他看了我的胳膊說，沒有問題，可以接好。他像銅鑼菜市場裡的那位先生一樣用手摸著為我接骨，用木板固定，用布包紮好。他開了一紙中藥方給父親，要父親到中藥店裡去買藥，回家熬藥湯給我喝，告訴我忌口，哪些東西不能吃，然後約定下次去看他的時間。從我家到頭屋須先坐火車到苗栗，然後再轉坐苗栗客運的汽車到頭屋，來回汽車要經過後龍溪的河床，原始的沙石路面高低不平，下過雨後露出許多大石頭，汽車跑在上面上下顛得很厲害，父親擔心會妨害我骨頭的癒合，商請老先生到我家裡來出診。每次來，母親都像從前在老家請先生到家看病一樣，除了出診費還準備酒菜招待他。我不記得過了多久，老先生用手摸著我胳膊的骨頭說接住了，我們全家都很高興。父親帶我去苗栗的外科醫院照了一張X光片，看了以後很失望，折斷的骨頭並不如我們預期的那樣頭對頭準確地接合在一起，兩端錯開了很多，其中一條中間的骨髓還有部分接通，另一條的骨髓則完全叉了開來，兩端的骨頭分別在折斷處沒有接觸到的地方附著另一端的側面往前長，從斷口的兩側把骨頭接了起來。如今再想要到醫院去開刀，夾鋼板打釘子，更不可能了。父親看我的手能運用自如，拿筆寫字沒有什麼不便，認為將來只要不從事勞力的工作，不會有別的問題，建議就此打住，不再作進一步的治療，我和母親只好接受現實。鄰居說，這是塞翁失馬，我將來可以不用去當兵。後來事實證明，人體本身有不可思議的自我修復能力，我的胳膊恢復得出奇的好，不到一年我又開始打柴挑水。在作服兵役前的體檢時，我沒有把我胳膊折斷的事告訴醫生，因而我與其他的同學一樣在大三的暑期上了成功嶺，大學畢業後順利地服完了一年四個月的預備軍官役，盡了我做國民的義務，這是後話。

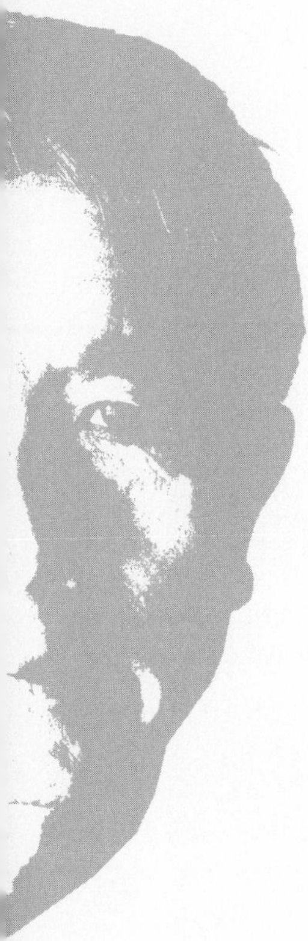

26

懷念在苗栗中學那段美好的日子

1957年11月，作者（左起第二排第三人）就讀省立苗中
初中三年級時，秋季到苗栗獅頭山旅行全班大合照。

上了初中二年級，日子平靜了下來，我折斷的胳膊算是接了起來，不再請病假，我和班上的同學相處熟了，沒有人再欺負我，我每天準時趕火車上下學，按部就班地上課，晚上回家在油燈下做功課。那一年我的學業成績有很好的表現，總平均超過了八十五分，得到教育廳頒發的乙種獎學金，全年級得此獎的只有我和一位叫馮薇的女同學。如果我記的不錯，獎學金的金額僅三十七塊五毛，夠我買四個月的火車月票。

當時國民黨在台灣創立了軍人之友社，主其事者是台灣省黨部主任委員上官業佑先生，他們每學期向公營和民營企業募款，為就讀中學的軍人子弟提供數百名，每名金額兩百元的獎助金，任何就讀中學的軍人子女和弟妹只要在學期末了，其學業成績達到七十五分、體育和操行達到七十分以上的標準，就可以憑成績單和在學證明，在下一學期向該社提出申請，該社依照申請者的學業成績，錄取分數高的數百名，登報公布錄取的名單。我除了初二上學期因為在前一學期跌斷了胳膊，體育成績沒有達到申請的最低標準之外，其餘從初一下學期開始，我每學期都能獲得兩百元的獎助。母親捨不得花，把這些錢存了起來，在初三開學之前交給了父親，父親到苗栗去給我買了一隻瑞士名錶「鐵達時」，令我喜出望外。有了手錶，知道了準確的時間，日子過得輕鬆的太多了。早晨母親叫醒我，我看看手錶，如果時間尚早，賴一下床再起來。下午下了課，和同學們在操場上打球，玩到最後一分鐘，看看手錶時間到了，才背了書包沿著田埂跑兩公里多的小路，到火車站趕火車回家。這隻性能優越的手錶陪伴著我讀完了中學，念完了大學，服完了兵役，飄洋過海到美國留學，一直到我結婚，岳母送了我一隻自動錶，才把它「除役」，替換了下來。

初中三年級一開學，學校將我們五個班的男生重新分班，我從原先的甲班分到丙班，在新的一班裡我被推選為班長，支持我最力的竟是與我分在同一班，當初曾經欺負過我的同學。當時政府和民間都在大張旗鼓地迅速擴充中等和高等教育，師資極端地缺乏，苗栗地處偏遠，苗栗中學的歷史又短，要找到合格的老師很不容易。我初一和初二的班導師徐先生，本縣頭屋人，畢業於日據時代的公學校（小學），畢業後到他本鄉的私塾跟隨一位宿儒學漢文，光復後參加中學教員檢定考試及格，受聘來苗栗中學擔任國文老師。我的初三導師黃先生，湖南人，原是空軍飛行員，來台後從空軍退了下來，也到苗栗中學來教國文。這兩位先生雖非科班的大學國文系畢業，但他們的文學素養都很好，寫得一手好毛筆字，在他們的教導之下我受益良多。黃先生尤其對我諄誨有加，曾指導我作文，獲得過苗栗縣作文比賽初中組第一名。其他科目的老師也都很稱職，其中有一大半是民國三十八年前後從大陸逃難來台的知識分子，他們不見得都是科班出身，但皆學有專長，兢兢業業地教導我們，沒有一絲一毫的馬虎。唯獨英文老師的素質很不整齊，對我們這些家學不淵源，唯有靠學校老師教我們的鄉下孩子，影響最大。

初中一年級按成績分班，學校把考進來的前五十名分在甲班，我們的英文老師據說曾在韓戰期間為美軍做過翻譯，學校請他來教高中部的英文，連帶為我們這一班成績好的初一學生啟蒙。第一學期教的是英文字母和一些簡單的單詞和句子，沒有什麼特別的地方。第二學期我因為跌斷了胳膊，請了太多堂課的病假，對於老師授課的內容，沒有留下太多的印象，但是我可以確定他沒有教過我們英語的發音和音標。初中二年級教我們英文的是一位剛從台北法商學院（中興大學前身）畢業的年輕老師，他的專業不是英語，上課只能帶領我們唸幾遍課文，告訴我們每個字和每句課文的中文意思。同學們請求他教我們音標，他自己也不會，他商請隔壁班一位英語系畢業的老師，代他教了我們兩堂發音課，因為沒有作後續的反覆練習，大家很快就忘了。初中三年級，換了一位帶大陸南方口音的中年王先生，他也同樣地只有教我們跟著他唸幾遍課文，告訴我們每個字和每句課文的中文意思。同學們也同樣地請求他教我們音標，他也同樣地不會，與其請教於別的老師，他說，學英語用不著學音標，就像他學國語一樣，也沒有學過注音符號，這自然是推卸責任的話。光跟著老師唸幾遍課文很難記得住，為了幫助記憶以便於課後自己復習，有些同學不得已用國語的注音符號去把老師唸英文課文的發音注下來。老師的發音本來就不準確，再牛頭不對馬嘴地用注音符號去注音，離實際越差越遠，最後變成了誰也聽不懂的不知道什麼文。王先生也照本宣科地依照書本教我們文法，但是他文法歸文法教，課文歸課文教，並沒有把它們串聯在一起，因而他教我們在書本上的文法成了死的規律，與實際在課文的應用脫了節。他上課板著臉很嚴肅，常點名要同學站起來回答他的問題，同學們都很恐懼，深怕點到自己，到時回答不出來，上他的課有如坐針氈。那時期每逢重要的節慶像每年的國慶（十月十日）、元旦、青年節（三月二十九日），學校規定每個班級都要做壁報，貼在教室外頭的壁報板上，來緬懷革命先烈，響應政府反攻復國的號召。我的毛筆字和繪畫在班上都算是好的，我又身為班長，順理成章地成了壁報的主編。我常以做壁報為由請公假，來逃避王先生的英文課。有一次王先生找到我正在做壁報的教員辦公室裡來，要我跟他回教室去上課，我的導師黃先生出來為我緩頰，但他不肯給黃先生面子，執意要我跟他回去，因而和黃先生起了爭執，最後由訓導主任出來調解了事。今天回頭看，我非常贊同王先生的執著，任何的課外活動都不應該妨礙到學生的正常上課，令我不解的是，當時我無疑的是班上成績最好的學生，王先生為什麼不能和我坐下來，心對心地問問我，為什麼連我也不喜歡上他的課？五十多年前的往事，仍然歷歷在目，多年來我一直告訴我自己，有一天我一定要回到台灣鄉下去，教那些可愛上進的孩子們，高高興興快快樂樂地學英文，學發音，學文法，學美國人講的那種英文。

民國四十七年（西元一九五八年）夏天，我以全年級總平均第二名的成績，畢業於省立苗栗中學初中部。我婉謝了學校讓我免試直升高中的好意。我家已經在我畢業前的兩三個月搬去了新竹，我準備去投考省立新竹中學。三年來除了學業，我的健康也有了長足的進步，瘧疾造成的多年貧血，有了很大的改善，朝會站久了不再會暈倒。人也長高了、長壯了，食量大得驚人，胃像一個填不滿的無底洞，每天放學後最盼望的是回家能吃到一頓母親燒的白菜、番茄和豆腐。在學校裡，在火車上，我交了很多的客家朋友，我能說一口道地的客家話，畢業後無論在什麼地方與老同學見面，我們仍然用客家話交談，鄉音又把我們拉回到那段在苗栗中學的美好日子。

27

搬家

新竹的家。

民國四十七年（西元一九五八年）春天開學，這是我上初中的最後一學期，暑假過後就要升高中，如果留在苗栗中學，我可以免試直升高中部，對我那是一條既輕鬆又便捷的路。但是打從我念小學起，母親就一分一角地省下來要供給我將來上大學，因此在決定留下來之前，我必須認真地考慮，將來畢業以後能不能考上大學。

那時期大專聯招分為甲、乙、丙三組：理科、工科和醫科屬甲組，文科、法科和商科屬乙組，農科屬丙組。母親和我都想我將來考甲組學工程。當時有工學院的學校只有三所：國立台灣大學，省立成功大學，以及私立中原理工學院。以我們家的經濟狀況，算來算去只有考取在台北的台灣大學才有可能勉強念得起。但是要考取台灣大學談何容易，大專聯招台大甲組總共錄取的名額不超過五百人，工學院四個學系加起來只有一百二十人，不是少數幾所名校的高材生不可能考進去，據我所知苗栗中學到那時候為止，高中部畢業的學生還沒有人考取過台大甲組的科系。母親認為我不應該留下來，應該去找一所有希望考取台大工學院的高中念。新竹中學在苗栗縣一直是家喻戶曉的好學校，最近舉行的一次（也是當年唯一的一次）全台灣高中畢業會考，新竹中學名列第一，名聲越發的響亮。我在銅鑼國民學校畢業之前，級任老師李玉光先生就曾建議我去投考新竹中學，當時因為我家住得離火車站太遠，無法早起趕五點多的火車去新竹上學，所以才改考苗栗中學，現在想上新竹中學，仍然有同樣的問題。母親決定要設法把家搬到新竹去。

那時期父親跟隨他所屬的部隊駐在金門，台海的局勢已經非常緊張，政府為了安定前線的軍心，優先配給眷舍。母親要我寫信給父親，告訴他為了要念個好高中，我們必須搬去新竹，請他設法申請在新竹的眷舍。父親的回信有了好消息，他說在新竹市光復路靠近埔頂的地方，新蓋了一個叫敬軍新村的眷村，他在那裡申請到了一戶兩間的房子，我們不妨先去看看，看了以後要搬還是要放棄由我們自己決定，如果決定要搬，他再從金門請假回來搬家。多年來鄰居姜大嬸家與我們家的處境相同，姜大叔和我父親當的都是不准退役的通信兵，兩人長年隨部隊在外，母親和姜大嬸住在銅鑼山上的眷村裡，相互扶持，彼此照應，結伴度過了一段極端窮困的歲月，患難中兩家建立了分不開的濃厚情感。姜大叔負責的是無線電通信，用的是美國軍援的先進器材，他比我父親年輕，近兩年被選去軍校受訓，完訓後升了級，調到師部去當通信官，和仍然留在連裡當有線通信士的父親同駐在金門。姜大嬸放棄了別處的選擇，要和我們一起搬去新竹。

我和母親、姜大嬸一起坐火車去新竹看房子。我們在新竹火車站下了車，走到站前廣場斜對面的新竹客運汽車站，搭駛經光復路開往關東橋和竹東方向的班車。過了清華大學研究所（當時新竹清華還沒有大學部）不遠就是埔頂。下車後我們沿著光復路往回走，走過路右邊臨近車站的大池塘，在池塘盡頭的岸邊上，有條橫過池塘與光復路交接的小路，順著小路走到池塘的堤防下，眼前就是我們要找的敬軍新村。

敬軍新村是個小眷村，全村總共只有前後並排四棟，每棟十間的房子。從池塘堤防的根底下到第一棟房子之前，有一溜空地，空地往右越過了房頭向外伸展了出去，在伸展出的那一小塊土地上，蓋了一間公共廁所。向左繞過第一棟房子的房頭往村子後頭走，左手邊也有一塊約半個籃球場大的空地，孩子們在那裡玩耍，空地的外緣上有幾戶村外的住家，住家的側面才是眷村的正式大門，大門隔著空地對著最後一排房子的牆頭。大門外是一個竹子蓋的老營區，駐在裡面的軍隊已經搬走了，工兵正在拆房子，準備在空出來的土地上蓋一批獨門獨院的高級住宅，配給陸軍將領們的眷屬居住，那就是後來的金城新村。圍繞著敬軍新村的右邊和後面都是農田，四棟房子座落在大約三百坪的土地上。房子與房子間的間隔本來就不大，先搬進去的幾戶人家已經在門前圍起了竹籬笆，剩下的狹窄走道，面對面來的人要擦身才能通得過。房子的本身也很不起眼，好像有些矮，屋頂用的是老式的小紅瓦，不是一般新建眷村用的大黑瓦，其他的用材看起來也是因陋就簡，不怎麼好。屋內的面積與我們現在住的差不多，屋子的前面有一溜屋簷伸展出去覆蓋的走廊，後頭有個小廚房。地是水泥鋪的，外牆雖是單磚砌的，還是比竹片覆泥巴強得多，不必再擔心遇到颱風會塌下來。屋子裡有電燈，但是沒有自來水。在第一棟和第二棟、第三棟和第四棟房子的中間各有一口水井，井不很深，井的周圍用水泥鋪了一圈井台，有人在上頭洗衣服、洗菜。姜大嬸用手舀了一口從井裡打上來的水，嘗了一嘗說，水是甜的，沒有鹹味。我們家分到的房子是在第三棟正中間的兩間，姜大嬸家的是在第二棟中間偏左的兩間，我們家的前門斜對著她家的後門。比起銅鑼山的廣闊和寧靜，這裡顯得格外的擁擠和吵雜。鄰居除了我們兩家全是生人，南腔北調，背景各異，不像在銅鑼山的清一色老同鄉。母親和姜大嬸有些失望，但是為了我能就近上學，母親還是決定要搬家，姜大嬸也要同我們一起搬。

民國四十七年三月，父親和姜大叔一同從金門請假回來搬家，兩家十二口所有的家當，雇了一輛普通的運貨卡車，一趟就搬完了。要離開住了七年多的銅鑼山，我心裡有無法形容的難過。那是我們到台灣的第一個家，我大弟、姜家二弟和三弟都是在那裡出生的。那裡的山，那裡的水，那裡的梯田，那裡的竹林，那裡散布在山野裡的土地廟和農家，都令我依依不捨。銅鑼有我小學啟蒙的老師，有我的同學，有我太多太多美好的回憶，有我的童年。我向銅鑼揮揮手，在心裡默默地許個願，有一天我一定會再回來。

搬到新竹後，我還有兩三個月才能初中畢業，父親替我買了一輛舊腳踏車，我每天早晨騎到新竹火車站，趕六點半的火車到苗栗上學，母親不到五點就得起來給我做飯。我開始日夜認真地復習功課，準備夏天新竹中學的升學考試，新竹中學是出了名的難考，我沒有把握一定能考得取。

28

上新竹中學

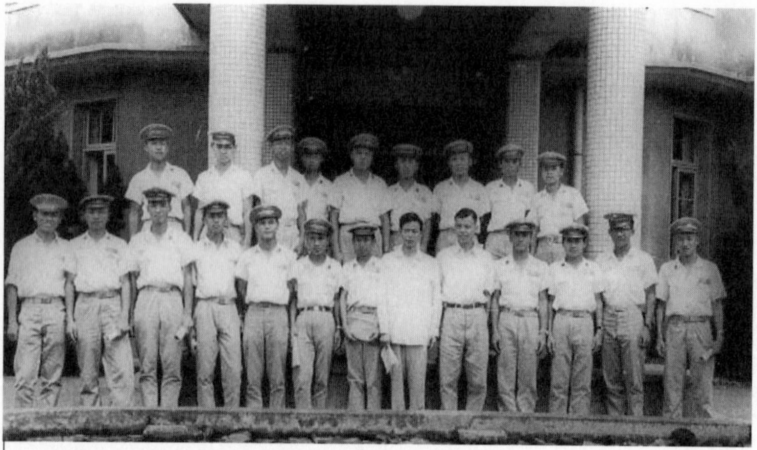

作者新竹中學畢業前與同學在音樂教室前合照。

作者（裡面左邊立者）在化學實驗室做化學實驗。

新竹縣在民國四十五年（西元一九五六年）奉教育部命令，率先試辦「省辦高中，縣辦初中」，為未來的九年義務教育鋪路。新竹中學從那年起不再招收初中生，民國四十七年最後的一屆初中生畢業後，改名為省立新竹高級中學。那年的夏天，我和苗栗中學初中畢業的十四位同學一同去報名投考，放榜的結果，高之剛兄和我兩個人考取。

新竹中學位於新竹東郊十八尖山的山坡上，山下是新竹公園、孔廟和體育場。開學前我從家騎腳踏車去學校熟悉環境，我先騎到新竹公園，然後再從新竹公園轉向東山街的柏油路，朝山坡上的校門口騎過去。東山街路右邊參差著農田、東山里的住家，和新竹中學的教職員宿舍，路左邊則全是一大片綠油油的稻田，路兩旁各種有一排整齊高大有如松樹般的木麻黃，林蔭夾道，直達校門口。在接近校門口前不遠處，東山街與從右邊橫過來，仍是泥巴路的學府路相交，交叉路口的右前角上，有座漂亮新穎的體育館。聽朋友說，由於新竹中學收有僑生，學校可以獲得美國的經濟援助，這座體育館是美國人給錢，蓋了兩次才蓋成的。第一次蓋好後美國人來驗收，發現使用的混凝土中，水泥的成分不夠，有偷工減料之嫌，辛志平校長公事公辦，要包商按合約拆了重蓋，包商損失慘重，因而破產。朋友說，辛校長之所以能這麼果斷地做，是因為他不拿包商的回扣。這是我還沒有進新竹中學校門就上的第一課。

新竹中學的校門沒有門，只是豎立在路兩旁，約人頭高的兩座水泥柱子，右邊的那座上面有塊牌子，從上到下寫著省立新竹高級中學。爬上坡，進入校門，右手邊是占地一甲的大操場，操場朝向山下的那一邊有幾棵大榕樹，站在樹蔭下可以近眺市區，遠望海岸線上的南寮，和市區與南寮之間的空軍飛機場。校門的最左邊是學校的大禮堂，中間的左前方是一棟二層樓房的主建築。樓房底層的中間有個過道，過道的牆上鑲有玻璃框的佈告欄，裡面貼著學校的宣示，我曾來這裡看過放榜。往前走出過道，兩旁是樓下辦公室和教室門前的走廊，正對面則是一條長廊，穿越樓前台階上的草坪和花圃，通到學校後面靠山的那一棟教室。長廊面向過道的樑架上，掛了一幅醒目的水彩畫，畫面就是眼前的十八尖山和山頂上的涼亭，簡單的色彩，出奇的傳神，不記得是哪一位學長的傑作。轉向左手邊的走廊，走到辛校長辦公室前，辦公室不很大，從窗外可以看到校長的辦公桌。牆上貼的、掛的，舉目所及都是學生的作品，靠近走廊的窗口掛了一幅好像是吳大炯學長的毛筆字，寫的是宋朝張載的名言：「為天地立心，為生民立命，為往聖繼絕學，為萬世開太平」，豐厚圓潤的顏體字，一筆不苟。我意識到這是一個臥虎藏龍的地方。

新生訓練在大禮堂舉行，我第一次看到了辛校長，那年他四十幾歲，中等身材，微胖，長方臉，戴著一副近視眼鏡，透露出一股大家長特有的威嚴和自信。初聽辛校長講話，他的廣東國語十分難懂，我有一大半是靠猜的，現在還清晰地記得他講的兩件事情，第一件是怎樣做人，他說，人必須要誠實，要有理性，一個文明人絕對不可以用拳頭去解決事情，據此他向我們宣布他的約法三章：「不得考試作弊，不得偷竊，不得打架」，犯下其中任何一條，立即開除，絕不通融。這些不等他說完我就懂了，因為他出了名的約法三章，我早就聽別人說過。第二件就有了困難，大半個早晨我都在聽他說

「滷」、「滷」、「滷」……不知道他在「滷」些什麼。困惑了半天，終於明白了，原來他說的是「慮」，他在向我們講解如何做學問，引用的是《大學》裡格物致知之道：「知止而後有定，定而後能靜，靜而後能安，安而後能慮，慮而後能得，物有本末，事有終始，知其先後則近道矣」。

新竹中學的學生人數不多，有一流的師資。辛校長堅持為教育而辦教育，不肯遷就大專聯考而分組教學。所有的課程包括了體育、音樂和美術，都一視同仁，有高標準的教學內容和極為嚴格的要求，考進去的學生雖已屬上選，受到留級淘汰的仍然很多。記得我那屆高一錄取的本地生有五班，到高三畢業時剩下的連四班都不到，僑生的人數本來就少，畢業的更少。不過只要能畢業，幾乎每個人都能考上大專院校，有超出三分之一的同學，保送或考進台大。學科的要求雖嚴，生活的管理卻遠較其他學校為寬鬆，那個時期政府怕鬧學潮，所有高中訓導處的管理組長，統一由軍訓教官擔任，軍事化的管理，死板僵硬，辛校長給了我們這些精力旺盛的孩子一些難得的自由空間，除了犯了他絕對開除的三章約法，不記得有誰曾為別的違規事件遭受過處分。在別處動不動對學生大吼大叫的軍訓教官，在新竹中學則能以德服人。辛校長說，念書是我們的事，其餘的是他的事，記得為了籌款建游泳池，方便學生夏天上體育課，他曾一度想把他自己住在城裡的房子賣掉，堅決不肯向學生的家長募款。學校裡的大小事情，一律公開透明，辛校長在每天的朝會上不厭其詳地向我們報告、解說。有同學嫌他囉嗦，有同學說他「麵線」（客家語——拖泥帶水）。辛校長或許有些囉嗦，有些麵線，但是包含在這些囉嗦與麵線裡的是辛校長做人處事的哲理和數不盡的實例，畢業的學生日後拿來做為自身效法的榜樣，這是新竹中學教育的精髓，獨具的特色。

我家搬來新竹後，母親最先用煤油爐燒飯，後來改燒蜂窩式的煤球，不需要我再上山打柴。村子裡後頭那兩棟房子共用的水井，就靠著我家的後門，原先在銅鑼山需要我幫忙到井邊去提水、淘米、洗菜的工作，現在由母親自己一個人就近處理。她仍如往常一樣，每天一大早就起來做早飯，為我準備飯包。吃完早飯後，我帶著飯包騎著腳踏車到學校去早自習，經常進了教室，看看手錶，還不到早上七點。下午降旗以後，多數的時間我走到學校後面的山徑上，邊走路，邊讀書，等候輪值的同學把教室打掃乾淨後，再回到教室做我的功課，直到天黑看不見了，才收拾書包離開學校，回到家，正好吃晚飯。為了避開眷村裡的吵雜，母親在週末和假期也給我準備個飯包，讓我帶著飯包和書包到學校去。學校裡教室的門不上鎖，總會有一些熟悉的同學在那裡。和同學們一起讀書、聊天、打球，或是到城裡去逛書店，自由自在地在外頭待一整天才回家去。

不用趕火車上下學，不用幫母親做家事，外出有腳踏車代步，我得以逸待勞，課業之餘，有充裕的時間去看我喜歡看的書。除了中國古典小說和一些翻譯的名著，坊間也出版了一些當代作家的新書，當時最暢銷的三本書是王藍的《藍與黑》，徐速的《星星・月亮・太陽》，和蔣夢麟先生的傳世名著《西潮》。我在上初中的時候就迷上了散文，當時坊間出版了好幾本名家散文選集的小冊子，作者中的許地山、夏丏尊、郁達夫、徐志摩、朱自清都是我在國文課本上讀過的，我忍不住回家向母親要錢，到苗栗的書店買了幾本帶回家，重複地閱讀。在我初二升初三那年，陳之藩教授在台灣出版了他的第一本散文集《旅美小簡》，很受青年學生的歡迎，轟動一時，高二或高三那年我去買了一本，看了後很激動。當時《中央日報》和《聯合報》是台灣的兩家大報，副刊登出來的文章有很高的水準，長篇連載中有「中副」臥龍生的武俠小說《玉釵盟》，和「聯副」瓊瑤的長篇《煙雨濛濛》，都是我每天迫不及待想看的。圖書館裡訂有許多台灣和香港出版的雜誌，有些雜誌有點像美國的《紐約客》（*New Yorker*），在專題報導之外，有文藝性的作品，那是我最喜愛的，每個月都在期待著香港出版的《亞洲》雜誌（後改名為《亞洲畫報》），那裡頭有南宮搏先生為文，不記得是哪位先生畫圖，所做歷史典故和人物的介紹，內容非常生動，現在還忘不了的有漢朝的細柳營，唐朝的孟浩然，和宋朝的柳永。在前後期同學的文章裡，都以新竹中學圖書館訂有《自由中國》而引以為傲，我不記得在圖書館裡看到過《自由中國》，或許是因為它當時觸怒了當局，正處於被新聞局查禁的停刊期，或是我根本沒有留意到。我對《自由中國》的深刻印象是之前還在念初中時，在苗栗火車站等火車回家，在火車站的雜誌攤上留下的。那時候蔣總統的第二任任期將滿，根據憲法不能再繼續連任，蔣總統和國民黨當局正在尋求解套的方法，《自由中國》聲言為維護憲法而堅決反對，它那一期封面的大標題是「敬向蔣總統作最後的忠告」，在那個殺氣騰騰，白色恐怖的時代，連十來歲的我看了都怵目驚心。我當時心裡不明白，國共兩黨殺得死去活來，無辜的百姓生靈塗炭，憲法中規定國民有言論、集會、結社、居住、遷徙的基本自由，有哪一樣受到了尊重和保障？蔣總統想再當總統，又算得了什麼？

辛校長說，中學是人的一生當中可塑性最高的時期。我很幸運地上了新竹中學，我得感謝我的母親。

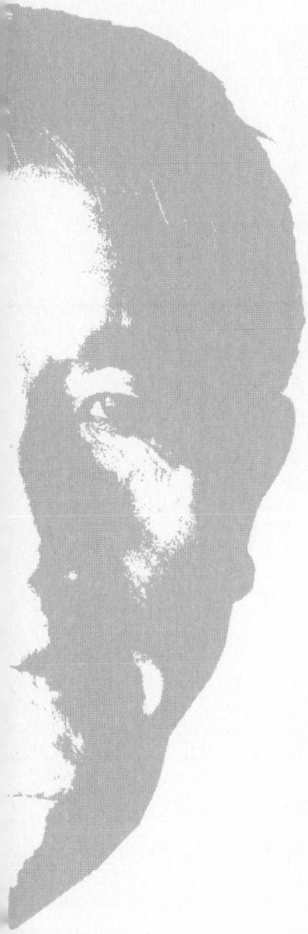

29

八二三砲戰

父親（前排左）與同袍合影。前排右為陳傳璽叔叔，當年去五里牌投靠他們的時候，接待我的第一個人。

父親（二排右一）軍中留念。

民國四十七年夏天，我們家剛搬來新竹不久，學校還沒有開學，家裡沒有收音機，也沒有報紙。八月二十三日那天晚上，我們是在無意中從隔壁鄰居家的收音機，聽到了中共砲轟金門的消息。第二天清晨一大早，我到村外光復路尹伯伯家開的雜貨店，去借他們家的報紙看。報上說，前晚六點三十分，環繞金門對岸的廈門、連河、圍頭、大嶝、梧嶼等地的中共砲兵，突然向金門瘋狂地射擊了五萬多發砲彈，造成了四百餘人傷亡，其中有三位是金防部的副司令。我看了很吃驚，如此巨量的砲彈落在有十萬駐軍密集的小島上，我擔心官方公布的傷亡數字過於保守，死傷的官兵恐怕不只此數。我趕快跑回村裡去，把報上看到的消息告訴爺爺、母親和姜大嬸。母親要我馬上寫信給父親，問問他那裡的情況，省得我們在家裡乾著急。其後每天報紙和收音機報導的都是金門砲戰的消息，每天都有幾萬發砲彈落在金門，看得、聽得我們心驚肉跳。所幸這次有暢通的郵政，郵局對於往來金門的郵件給予優先的處理，我們很快地就收到了父親和姜大叔從金門的來信，他們說，他們很好，很安全，要我們放心。

整個的大局也讓我們安心不少。金門和馬祖雖然不在民國四十三年國府與美國所訂「中美共同防禦條約」的適用範圍之內，砲戰發生後，美國仍然立即表明了支持國府的嚴正立場，並且採取了一連串援助國軍的行動。首先，美國國務卿杜勒斯在第一時間發表聲明，警告中共，如圖謀奪取金門、馬祖，美國將視為威脅和平。美軍隨即將威力強大的八吋大砲運抵台灣，蔣總統親自監督海軍裝船送到金門，國軍砲兵如虎添翼，向對岸加強反擊，報上報導說，八吋大砲威力之大，中共曾一度叫囂國軍在使用核子武器。在空中，美國供應國府當時尚未在戰場上使用過的最新武器：空對空響尾蛇飛彈。國府的空軍在空戰中，獲得壓倒性的優勢，維持了台灣海峽上空的制空權。在海上，國軍的運補船遭到中共魚雷快艇的攻擊，有一艘載有彈藥和新聞記者的船被魚雷擊中，爆炸沉沒。美國宣布第七艦隊護航至金門海岸線外三海浬，國府的運補船隊再在國軍軍艦和岸砲的掩護下搶灘，將金門軍民所需的物資運送上岸。據父親和姜大叔後來說，當時看到停泊在三海浬外，一字排開的美國護航艦隊，晚上燈火通明，遠望有如一座海上長城，非常的壯觀。美國又從歐洲調遣以航空母艦為首的海軍艦群來台灣海峽支援第七艦隊，同時宣布美國空軍的主力F100戰機和勝利女神飛彈進駐台灣，加上原先就駐防在琉球群島的美軍和儲存在那裡的核子武器，美國在台灣海峽布下了強大的兵力，有不惜一戰之勢。杜勒斯國務卿隨後於十月間訪問台灣，離去前與中華民國政府發表聯合公報，宣稱金門、馬祖與台灣、澎湖在防衛上有密切的關連。

中共原擬用幾個月來集結其在福建沿海的重兵，輔以大量來自蘇聯的援助物資和顧問人員，以排山倒海之勢，一舉拿下金門。由於國軍的堅強防守和美國的全力介入，中共的陸、海、空軍都受到了很大的挫折，在砲轟金門四十四天，發射了近四十七萬五千發砲彈之後（國軍還擊了十二萬八千發），原先攻奪金門的目標顯然無法得逞，乃於十月二十五日宣布單打雙不打（只有在日曆上單日的時候才砲擊），知難而退，激烈的砲戰才冷卻了下來。其後單日的零星砲戰除了幾次例外，數量都很小，打的也大多數是宣傳彈，兩岸的衝突只剩下了隔海喊話，動口不動手。

砲戰結束後，父親和姜大叔隨部隊換防回到了台灣，休假回家，我們坐在一起聊天，總少不了談論金門砲戰。他們的結論是美國強硬的態度和即時的援助，無可否認的是致勝的關鍵，國府八年來整軍經武，秣馬厲兵，訓練精良的國軍沉著應戰，才是八二三砲戰能堅守金門的主要原因。我曾不解地問他們，戰爭損兵折將自所難免，為什麼砲戰一開始就不可思議地損失了三位金防部的副司令？他們的答案是這樣的：砲戰爆發的前三天，蔣總統親自去金門視察防務，慰勉官兵，他曾催促負責的將領們火速指揮他們的部下往坑道裡搬。砲戰爆發的那天，國防部長俞大維先生正在金門與防衛司令部的高級將領們開軍事會議，晚飯後，他們從一處山後的餐廳，走到另一處山後的會議廳，中間要經過一處沒有山遮擋的空隙。當晚中共的砲兵就瞄準了那個空隙，等候他們的出現。六點三十分，他們一行剛走出餐廳，一群砲彈打了過來，兩位副司令當場中彈陣亡，另一位副司令抗日名將吉星文將軍受重傷，三日後不治。俞先生機警的衛士撲倒在他的身上，和他一起滾到路旁的壕溝裡，才倖免於難。但這八二三砲戰的第一砲並沒有如中共的預期，打掉金門的指揮中心，令金門群龍無首，亂了陣腳。沒有受傷的司令胡璉和參謀長劉明奎將軍在現場指揮若定，國軍在六分鐘後開始有秩序地還擊。事後檢討，國軍上下對於胡璉將軍在砲戰前的輕心大意有很多的微辭。

最令父親和姜大叔感佩的是國防部長俞大維和國防會議副秘書長蔣經國兩位先生展現的決心和勇氣，他們冒著生命的危險，頻繁地來往於金門和台灣。在砲戰打得最慘烈的時期，蔣經國先生在如雨的砲火中到金門搶灘，與守軍們共度中秋節。他一本深入基層的作風，每回到金門，必定前去海邊第一線的碉堡，與守衛在那裡的士兵們共進晚餐。晚餐後就住在碉堡裡，睡在那位在海灘上站崗的士兵所空出來的位子上。第二天早餐後與士兵們告別，從不忘留下他吃的那兩頓飯的飯錢。

父親的工作是負責連上的有線通信。無線電話容易被竊聽，為了保密，砲戰中戰況的上報和命令的下達都要靠有線電話。有線電話的電話線常被砲彈打斷，為了確保通信的暢通，不管砲火打得有多麼猛烈，父親都必須立即跑出去把打斷的電話線重新接通。我問他那些日子是怎樣熬過來的，他說，他能從砲彈飛過頭頂上的聲音，判斷出砲彈落地後離他的距離，地上到處都是砲彈爆炸過後留下來的深坑，他跳進彈坑去躲避落在他附近的砲彈，經驗告訴他，兩顆砲彈不會落到同一個彈坑裡。一次一顆落地的砲彈，爆炸後激起來的土，濺了他一身，散開來的砲彈片竟奇蹟似地沒有傷到他。其他單位從事同樣工作的同事，並不都像父親那麼幸運，有許多人不幸受傷，也有不少人不幸陣亡，有線通信兵是八二三砲戰中傷亡人數最多的軍種。

砲戰結束後，論功行賞，父親獲得國防部頒發了一枚忠勤勳章，父親把那張印有俞大維部長名字的褒獎狀鑲在鏡框裡，掛在我們家那間又是爺爺和我的臥室、又是客廳的牆上。我問父親這枚勳章有什麼實質的利益，他說每個月有十幾塊錢的加給（也許是幾十塊錢，我已記不清楚）。民國九十年父親過世，姜大叔到新竹團管區去為父親辦理死亡登記，團管區的人告訴他，我們可以憑著父親這枚勳章，向國防部申請一塊地，把父親埋葬在國軍公墓裡。我婉謝了政府的好意，因為父親生前留有遺囑，要我們把他的骨灰送去廟裡，放在爺爺骨灰的旁邊陪伴爺爺。姜大叔於民國九十七年過世，當我知道他生病的消息趕到台大醫院去看他，他已經昏迷住進了加護病房，認不出我來了。麥克阿瑟將軍有句名言：「老兵不死，只是凋零」，父親和姜大叔這兩位勇敢盡責的老兵還是抵擋不住歲月，死了，但是他們在砲火下奔跑的影子永遠不會從我的心中凋零。

有一件事我必須在這裡提一提。我們家的親戚朋友中，唯一在八二三砲戰中陣亡的是一位父親的小學同學王海東先生。王先生的家住在我們老家南邊一個叫「峴上」的村莊裡，當年也因為家裡是地主被共產黨鬥爭清算，一個人逃出來參加了父親同一個部隊。八二三砲戰期間在陸軍二十七師七十九團三營營部任職，在一次因公外出途中，不幸中彈陣亡。當年國府來台之初曾發給國軍戰士每人一份授田證，承諾他們將來反攻大陸收復失土以後，分給他們田地，讓他們解甲歸田，過安定的生活。多少年後，原來年輕的戰士都成了老兵，反攻大陸收復失土的事早就不提了，立法院乃立法，以現金代替授田，立即兌現，每位金額大約新台幣二十萬元，過世後的老兵可以由其子女領取，包括在大陸的子女。王先生有個兒子留在家鄉，年齡與我相仿，他託王先生回鄉探親的好友代他向國防部申請領取這筆錢，不知道是什麼原因他的申請被退了回來，我曾寫信給某立法委員請求協助，也不得要領，據我所知他到現在仍然沒有拿到錢。

八二三砲戰的勝利帶給了台灣安定和繁榮，無論藍綠皆受其惠，為此王先生付出了他的生命。王先生的家人並沒有要求撫卹，也沒有要求為王先生死後褒揚升級，更沒有要求為王先生立新法，他們要求的只是他們那筆應得的授田證代金。我呼籲台灣當局拿出點良心，深入調查釐清這件事情，盡快還給王家一個公道，也讓王先生在天之靈得到些許的安慰。

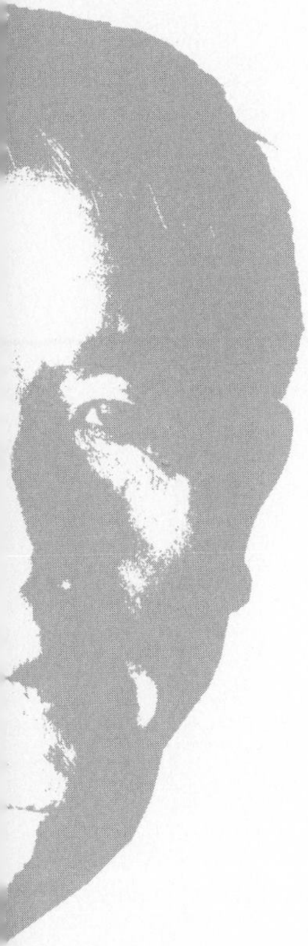

30

考大學

民國五十年夏天，我高中畢業，緊接著就要參加大專聯考，之前我必須選系，填寫志願，參加學校的集體報名。我先回家與父母親商量，父親建議我學醫，他說黃金有價醫無價，醫生是一份衣食無虞，救人濟世的高尚職業。我對父親說，我怕血，我一看到血就想起我婆婆，在我最後看到她的時候，她那一身的血，怕血怎麼能當醫生？母親也幫我說話，她說，醫生每天面對的都是病人，是一件非常辛苦的工作，要是不喜歡當醫生，那日子會很難過。

但是窮日子過怕了，為了確保未來「衣食無虞」，父親的話不能不予慎重地考慮。想想台大醫學院要念七年，所花的時間幾乎是其他科系的兩倍，那筆龐大的學費和住宿費，恐怕不是我們所能負擔得起的。另一條學醫的路是念國防醫學院，當時軍校已經有了新的規定，畢業以後只要在軍隊裡服役十年就可以退役。國防醫學院念六年，自己不用花一毛錢，畢業以後到軍醫院去行醫實習十年，有了十年的經驗再退役自行開業，對我不失為一個可行的選擇。於是我們三個人達成了協議，我將參加兩個聯考，軍校聯考我填寫國防醫學院醫學系為第一志願，大專聯考則填寫台大工學院為第一志願，至於念什麼系他們兩個人也不懂，由我自己選擇。不一定能考得上，先考了再說，等考完放榜有了結果，我們再決定何去何從。

我到學校去請教我的老師，問他們工學院念哪一系好。化學老師林鐘榮先生，台大化工系畢業，他建議我念化工，他認為我很適合念化工，相信我會念得很好。物理老師陳維明先生建議我念土木，因為那時候政府正在興建石門水庫，畢業以後可以到石門水庫去工作。數學老師鄭桂馨先生建議我念電機，畢業以後去美國留學。提到電機和去美國留學，我想起了高二的數學代課老師蘇先生。我升高二的那年，剛開學還沒有來得及上課，原先預定要教我們代數的老師有了高就，被陸軍官校聘請去當講師，辛校長一時找不到適當的替代人選，他去新竹的空軍單位，向他們商請在那裡服預備軍官役的蘇先生，每星期來學校教幾小時的代數課。蘇先生是新竹中學的校友，台大電機系畢業，那時候他一邊服兵役，一邊在申請美國的學校，準備服完了兵役到美國去留學。時間久了，和他熟悉了，我們問他去了美國打算什麼時候再回來?他說，他不打算回來，要在那裡工作，在那裡一個有碩士學位的工程師，每月可以賺到六百五十元美金。我聽了嚇一跳，那時候一位中學老師每月的薪水是四百來塊台幣，黑市折合十一、二元美金，六百五十元美金簡直是個天文數字，心想「有為者亦若是」，我將來也要學蘇先生，念電機，到美國留學，每個月賺六百五十元美金。事隔一年半，差一點把要學蘇先生的事給忘了，鄭先生一語驚醒夢中人，我決定報考台大電機系。我把我的決定告訴化學老師林鐘榮先生，我對林先生說，我想念電機，但是我對電機一點概念也沒有。非常感謝林師，他請來了兩位念新竹交大研究所的學長解答我的問題，兩位學長告訴我，電機系分為強電和弱電兩組，強電有關電力，包括發電、輸電和馬達，弱電有關通訊，包括電報、電話和無線電，頭兩年都是共同課，上了大三再按自己的興趣選哪一組的課。我心裡踏實多了，將來要是出不了國，我可以到電力公司或電信局去謀份差事，不至於失業挨餓。

大專聯考甲組考國文、英文、三民主義、數學、物理、化學等六個科目，每個科目滿分都是一百分，同等的重要。其中，國文一科作文占了很大的比例，作文的評分沒有一定的標準，能考多少分很難有準確的把握。英文和三民主義也都不是我的強項。要想考取第一志願必須在數學、物理和化學上下功夫。幸運的是，新竹中學向來以理科見長，有一流的師資和高水準的教學內容，過去學長們在大專聯考中優異的表現，給了我很大的鼓勵。課餘，我也像其他同學一樣，購買了坊間所有的升學參考書，包括我們學校彭商育先生所著的三角、代數和解析幾何，以及台北建國和志成兩大升學補習班出版的一系列教材，拿回來反覆地演練。考前更找來了台灣歷屆大專聯考以及從前大陸和日本名校的入學試題，來測驗自己的實力。我估計，我沒有把握的國文、英文和三民主義，平均每科至少考六十分，有把握的數學、物理和化學平均每科可以考九十分，加起來四百五十分，如照往年的標準，進台大電機系應該不會有問題。

幾年來都是大專聯考放榜以後，軍校才開始招生，那年很特別，軍校先舉行招生考試。國防醫學院、中正理工學院和三軍官校聯考的科目，與大專聯考甲組所考的科目相同。報名參加的學生總共有五千人，我因為是軍人子弟，不用付報名費。在幾位報考的同學中，填寫的第一志願幾乎是清一色的國防醫學院醫學系，顯然大家有相同的想法。軍方在新竹設有考區，考場就在新竹中學。考場很熱鬧，我遇到了好幾位苗栗中學初中的同學，他們打老遠從外地來參加考試，老同學三年不見，再重逢格外的驚喜。考試分兩天進行，題目的深淺與往年類似，沒有任何的意外，考起來得心應手，輕鬆愉快。第二天我反而擔心考得太好，隨後的幾堂，匆匆答完，提前交了卷。原因是那時候軍人待遇偏低，生活又不安定，大部分的同學，尤其是功課好的同學，都不願意去考軍校，競爭相對地減少很多，我怕萬一考得太好，受到注意，到時不去念會有壓力。

大專聯考又是另一番景象，那年報考的人數第一次超過三萬人，甲、乙、丙三組的錄取率皆在百分之三十以下，甲組最低，只有百分之二十五。台大六個學院加起來錄取的人數不到一千五百人，工學院電機、土木、化工、機械四個系共錄取一百二十人，每系三十人。新竹沒有考場，我們必須到台北去參加考試。

考試的前一天，我到台北去住在木柵溝子口我乾爹家，我乾爹是我父親打游擊時的伙伴，來台灣後部隊整編退了役，在同鄉企業先進陶子厚先生開的公司裡工作，我美麗的乾媽是乾爹來台灣後娶的本省小姐。那天下午我到徐州路的台大法商學院去看考場，從溝子口到徐州路要先坐公路局的汽車到台北公館，然後再轉市內公車到徐州路，回程的路上下大雨，在公館換車的時候淋了雨，當晚雖然乾媽為我準備了舒適的床鋪，我還是沒有睡好。第二天一大早醒來，吃了乾媽為我做的豐盛早餐，早早坐車趕赴考場。

第一天上午考數學，命題的是剛回國的台大數學系主任施拱星先生，題目確實出得好，與往年大不相同，更能測出學生對數學的理解、思路和技巧，但是題目之多，難度之高，絕不是在八十分鐘之內，前途攸關的聯考心情下，所能解答得了的。當我做完了第一題，看看手錶，足足花了十五分鐘，剩下的七題我得在一小時零五分鐘內做完，絕對是不可能的事，我急了，越急越做不出來，到最後的半小時，感到大勢已去，乾脆定下心來能做多少算多少。考完走出考場，聽到的是一片叫苦之聲。第二天最後一堂考物理，題目比往年都難，考得也不如意。考完後想到我最有把握的三科竟有兩科比預期差很多，心情非常的沮喪。晚上回到乾爹家，乾爹問我考得如何，我說，一敗塗地，無顏見江東父老。他要我放下心，留在台北玩幾天再回新竹去。

軍校聯考先放榜，錄取的名單沒有在報上公布，我收到了個別寄來的信，通知我國防醫學院醫學系錄取五十名，我是其中之一。下一步是等待大專聯考的放榜。中廣公司在事先廣播說，放榜的那天會從半夜十二點開始播放錄取的名單。母親平日都是晚上九點就寢，那天，她特別陪我一起守在收音機旁，緊張地等候到半夜十二點聽榜。錄取的名單從台大理學院播起，很快地就播到工學院的電機系，當母親聽到我的名字，我很難忘她臉上的表情，興奮裡帶著激動，從來沒有見到她那麼高興過。

聯考的成績單發放到學校裡來，那年大家的分數都很低，新竹中學算我考得最好，唯一總分超過了四百分。曾令我沮喪的數學和物理幫了我大忙，因為別人考得比我更糟。但我並不是我們學校裡最出色的學生，另有七位同學免試保送台大，保送電機系的是張系國，我這位才華橫溢的同學，後來成為文學和科學兩棲的大家，你一定聽過他的名字。

經濟上負不負擔得起一直是我選擇學校的首先考量，我猶豫要去念國防醫學院，還是台大電機系。我去找我的親戚們商量，聽聽他們的意見。那時候他們大多數都還是軍人，當時軍隊裡很少有科班出身的醫務人員，有了大病，到了大的軍醫院，才能看到少數幾位國防醫學院畢業的醫生，我親戚對他們的醫術十分推崇，連帶著對國防醫學院有很高的評價，不過，他們還是認為我應該去念台大。我乾爹最直截了當，他說，從來沒有人考取台大不去念的。母親告訴我，父親的薪餉可以供給我念書，家裡有眷糧，米不用發愁，買菜由她結髮網的手工錢來維持，要我放心去念台大。

父親所屬的部隊去了馬祖，馬祖指揮官田樹樟將軍，山東人，聽說我考取了台大電機系，特別召見了父親，向父親道賀，並給了父親八百塊錢，足以支付我第一學期的學雜費。在此向田將軍和他的後人致謝。

31

走不出的魔夢

民國五十年（西元一九六一年）秋天，我攜帶了母親為我準備的行李，與幾位新竹中學同上台大的同學，一起結伴到台北去上學。走進台大的校門，眼前寬闊的椰林大道，兩旁雄偉的建築，中間島上如茵的草坪和茂盛的杜鵑花叢，以及來來往往紅紅綠綠的女大學生，對我們這些在暑假前還剃光頭，穿黃卡其制服，鄉下男生中學出來的孩子，有如鯉魚躍過了龍門，來到了一個嶄新的世界，自然是興奮無比。

學校把我們這些從外地來，需要住校的大一男生，安置在校外蟾蜍山邊兩棟老舊的第七和第八宿舍裡。那裡不開伙，必須走到學校裡頭的宿舍去包飯。住定下來後，有位新竹同來，念化工系的同學告訴我，學校為清寒學生設有獎學金，建議我跟他一起去申請，幾天後我們兩個人都獲得了批准，除了寒暑假，學校每個月發給我們每人新台幣一百二十元，只要每學期學業平均成績保持在七十分以上，就可以繼續領取，這是我之前沒有想到的意外資助。稍早，父親被調到位於台北市大龍峒的馬祖留守處，看管台灣與馬祖之間的電話總機。剛開學我每隔兩個星期到他那裡去拿生活費。沒過多久，父親的頂頭上司，馬祖留守處處長張季渠伯伯，請我到他家去教他上初中的小女兒張竹平，從此開始了我的家教生涯，生活上可以自給自足，不需要再向父親要錢。我因為是在校學生，過了十八歲，家裡仍然領有眷補，少了我一個壯丁吃飯，日子也跟著寬鬆了許多。

電機系的功課繁重，星期六也要上課，我每星期有兩個晚上要當家教，很難有空餘的時間回家。為了湊學費和生活費，寒暑假也都留在學校裡，就近在台北打工。第一次回家是剛上大學那年的陽曆年，母親看到我很高興。家裡養了一隻公雞，母親要我殺了加菜。從來沒有殺過雞，我有些膽怯，九歲的大弟跑來幫我忙，他握住雞的兩隻腳，我抓住了雞的脖子，學別人殺雞的樣子，拔去了雞頸下的一些毛，心一狠，用菜刀朝禿出來的地方割下去，鮮血頓時噴了出來，我慌忙地把血接到一個預先準備的碗裡，等雞血滴乾了，我們兄弟倆放開了手，讓雞在院子的地上死去。當晚母親燒了一鍋我最喜歡吃的紅燒雞，「聞其聲，不忍食其肉」，我一點胃口也沒有，辜負了母親的一番好意。母親不常看到我，老在記掛著我，擔心我在學校裡挨餓。我對母親說，學校的伙食還不錯，住校的窮學生很多，大家吃同樣的飯菜，都活得好好的，我要她放心。母親還是放心不下，妹妹後來告訴我，每天在晚飯的飯桌旁，總會聽到母親說：「我一端起碗，就想到妳哥哥。」

出乎母親意料的，民國五十一年她懷了孕，在那年的八月底生下了我小弟，距離我大弟出生的民國四十一年，足足隔了十年。在母親懷孕期間，我回過家幾次，停留的時間都很短，沒有注意到母親懷了孕。那年秋天我升大二，開學前，趁空回家去看看。一進門，大弟和妹妹興奮地爭著告訴我，我們家新添了一個弟弟。在毫無預警的情況下，我感到有些突然。走進母親的臥室，看到母親躺在床上，身邊睡著新出生的小弟。問候過母親後，我端把椅子坐在母親的床邊，與母親說說話，仔細端詳在熟睡中，眉清目秀的小弟。母親告訴我，當她發現她懷孕的時候，很不好意思，覺得自己都已經過四十了，還生孩子，怕人家笑話，要父親陪她去打胎。他們去看與我們家熟悉的毛醫師。毛醫師對母親說，這是好事，沒有什麼不好意思的。他說，母親太胖，打胎會有危險，勸母親把孩子生下來。母親說：「現在想想，也好，將來我老了，眼睛看不見了，有他陪在我身邊，想要到哪裡去，他給我帶路。」我對母親說，母親說得很對，我很慶幸能有這個小弟。

回學校不到一個月，一個星期六的晚上，我騎腳踏車到大龍峒去看父親。父親不在營房裡，他的同事對我說，我母親病了，父親請假回家去照顧我母親。第二天一大早，我到車站去趕公路局的早班汽車回新竹。回到家，父親告訴我，母親發燒、頭痛，送去了新竹市內的張健醫院。婦產科醫師看過後，說是產後熱，不要緊，現在正在住院觀察。我去到張健醫院，母親很驚喜地看到我，對我說：「你怎麼回來了？我教他們不要告訴你，省得耽誤你的功課。我沒有事。驗過血，醫生說，除了血糖有點高，其他一切都正常。今天早晨院長還來看過我。他說，我的病是因為多年來的營養不良造成的，回家吃點有營養的東西，補一補身子就好了。我馬上就要出院了，你安心回去念書罷！」母親看起來氣色不錯，心情也好，她還向我一一介紹她那幾位同房的病友。我也就放心地告別母親，回學校去了。

母親從醫院回家後，一直抱怨鄰居的收音機聲音太大，吵得她白天睡不著覺。可是，晚上鄰居的收音機關了，她也無法入睡。去看附近的醫生，醫生也查不出是什麼原因來。她整天都覺得緊張、疲憊、頭痛，日子過得很痛苦。好不容易熬過了農曆年，我們都覺得應該帶母親到台北的大醫院去看看。那天，我陪父親帶母親去台北三軍總院掛門診。醫生檢查過後，對父親和我說，母親身體上沒有毛病，是精神方面的病，與過去的遭遇有關。父親和我立刻領會到醫生找出了真正的病因。父親對醫生說，我們住在新竹，來回一趟台北很不容易，能不能為我們想想其他的辦法？醫生說，他很理解我們的困難，但是他沒有辦法安排母親在他那裡住院。

有人告訴父親說，台北松山有個台灣精神療養院，名聲不錯，不妨去那裡看看。父親帶母親去看過後，母親很滿意，決定讓母親在那裡住院。母親到台北後，父親必須全天候留在那裡上班和陪伴母親，才幾個月大的小弟，不得已由妹妹休學，在家裡照顧。台灣精神療養院離台大不遠，我每天下了課都去看望母親。母親看到我總會打起精神來和我聊天。情緒好的時候，會跟我開玩笑，問我：「有個年輕的護士看上了你，她問我嫁給你好不好？你說呢？」情緒低落的時候，她總是想到從前，對我說：「我受的是什麼樣的磨難，你是記得的。我被吊起來，人蕩在空中像個左右搖擺的鞦韆，幹部站在兩邊用槍托一來一往地朝我身上打，打昏了，用冷水把我沖醒，再打。那哪裡是人受的滋味？」我記得！當然記得！我刻骨銘心地記得！還有更多母親藏在心裡不肯說，而我也絕口不提的：幹部要活埋我們母子三個，坑已經挖好了，逼著母親改了嫁。母親嫁過去後不久，懷了孕，最後還是挺了個大肚子，帶著妹妹和我逃了出來。在煙台，她生下了那個孩子，看都不敢看一眼，送給別人抱走了。這個無法走出的魘夢，日日夜夜，時時刻刻，都在折磨、煎熬、啃蝕著母親。

屋漏偏逢連夜雨，我爺爺病了。爺爺年輕的時候，在一次出遠門的路上，遇到了大風雪，凍傷了呼吸道和肺，一輩子都在咳嗽。搬來新竹後，一度得過封閉性的肺結核，他的肺一直都不怎麼健康。在患病之初，爺爺知道父親為湊母親的醫藥費已經筋疲力盡，不願再增加父親的負擔，忍耐著不去看醫生，後來忍受不住了，才去了省立新竹醫院。醫生診斷是肺癌末期，已經回天乏術。兩個星期以後，爺爺去世了，那是民國五十二年（西元一九六三年）的四月，爺爺六十七歲，在去世前還在作「土地革命」時受刑的惡夢，被自己的叫喊聲驚醒。

爺爺能與我們來到台灣，算是幸運地逃過了一命，比落在共產黨手裡要多活了十幾年，但是逃難的日子倍極艱辛，民國四十年，家裡三餐無以為繼，爺爺一個人去了台北，為了生活，他拾過荒，做過雜貨店的店員，住在馬路邊的違章建築裡，什麼苦都吃過。民國四十三年，家裡開始領眷補，經濟狀況有了改善，父親請他回家來住，不用再在台北辛苦討生活。那時候台灣五金工具極為缺乏，連像樣的剪刀和螺絲刀都難買得到。有批從前在大陸經營五金的山東同鄉，看到了商機，以優厚的利息向民間集資，從日本進口五金，獲取暴利。民國四十四年農曆年過後，爺爺賣掉了他在新生南路邊上的一間小房子，加上他所有的現金，總共五、六千元，託親戚放在一位經營五金的同鄉那裡，每月得到大約一百五十元的利息。回到家來，母親用這些錢，每頓飯為他單獨燒可口的小鍋菜，過著當時看來還頗為舒適的悠閒生活。不料一年過後，這位同鄉的事業有了困難，不只是利息不付，本金也不還了。爺爺乍聽消息暈了過去，之後還病了一場。後來聽說這位同鄉家的事業有了轉機，生活過得很好，但欠爺爺的錢一毛也沒有還。在我們這最困難的時刻仍然不聞不問，不肯伸出半點援手，到現在我仍然感到心寒。

初夏，台灣精神療養院說，母親的病況可以出院了，回家去休養。母親的病沒有完全好，她繼續去看新竹市的精神科醫生。治療了一段時間，病情毫無起色，母親對那裡的醫生失去了信心。有次我回家去，正逢母親從醫生那裡回來，她很失望地對我說：「醫生也不知道怎麼辦，剛才他還問我，今天該給我什麼藥吃？」母親非常的煩惱，整個夏天都過得很辛苦。秋天開學前我回去看望她，她對我說，她不忍心再拖累父親了，她要我答應她，將來好好照顧我小弟，她死了以後，一定會保佑我們。在台北醫院裡，我也聽母親說過類似的話，這次也沒有把她的話當真。我安慰她說：「媽！妳一定會好起來的，但是妳必須安心養病，不能胡思亂想。」

十月底光復節剛過完，那天下午我乾爹突然到宿舍來找我。他說接到我父親的電話，我母親過世了，上吊死了，要我在回去之前，先去通知我在台北的舅舅和延昇叔。我不想再去回憶當時聽後的絕望。我回過神來，哭著跑去通知在松山的舅舅。舅舅陪我一起到永和去告訴延昇叔。在與舅舅和延昇叔回家的路上，我告訴我自己，這不會是真的，等一下回到家，母親一定像往常一樣，坐在門口的椅子上，等我回來。她會告訴我，她沒有事，這只是一場誤會。

推開我家竹籬笆上的門，十歲的大弟從屋裡衝出來，緊緊地抱住了我，我摟著大弟走到屋前簷下的走廊，看到母親躺在臨時架起的木板上。我撲上前去抱住母親，哭喊著問她：「媽！我們不是說好了，要堅持地活下去？妳怎麼丟下我們走了？」我多麼希望，我能像從前那樣，抱住母親的腿，不讓她死去。晚了！完了！一切都完了！

埋葬了母親，家裡剩下才一歲兩個月大的小弟，十歲大的大弟，不到二十歲，瘦得後背貼前胸的妹妹，以及四十五歲不到，已經滿頭白髮的父親，當然還有我。父親平靜地對我說，他會照顧好這個家，要我擦擦淚，安心地回學校去念書，我們總會有再出頭的一天。

坐在公路局往台北的汽車上，我想吐。打開窗簾，試著去看遠處的青山，再怎麼樣擦眼睛，前景仍然是茫茫的一片。

後記

於交大研究所前留影。

大學畢業照。

1969年，與妻子袁英結婚。

1988年，父親（右）回老家韓家夼探望大伯父（中）和大媽，五叔（左）從天津來和他們相會。

站在高崗上望著山腳下的韓家夼。

1998年，父親八十大壽時照的全家福。
後排左起：妹妹小兒子盛鈞、小弟妻子龍筱芬、小弟清蕃、妹妹大兒子盛銳、作者兒子華昌、大弟温蕃、大弟妻子簡豔虹；中間左起：妹夫盛育平、妹妹玉民、父親、袁英、作者；前面蹲著的左起：大弟小兒子仁昌、大兒子文昌；父親抱著的是小弟大兒子德昌。妹妹女兒季妍和作者女兒佩玲因在美國念書不克參加。

一九六五年的夏天，我在母親過世二年半後從台大畢了業，隨後被分發到空軍服了一年四個月的預備軍官役。第二年秋天退伍後，我去新竹交大電子研究所念了半年，住在研究生宿舍裡。當時父親已經從原來的野戰部隊調到新竹關東橋的陸軍第一訓練中心（地現屬科學園區），他每天從家裡騎腳踏車上下班。我把每月的研究生公費六百元悉數交給父親，每頓回家吃飯，這是我與父親逃難十八年來，相聚最長的一段平靜日子。

一九六七年的二月我去了美國，到休士頓大學念研究所。第二年我妹妹要結婚，那個暑假我在休士頓的德州儀器公司（Texas Instruments）找到了一份工程師的工作，圓了我當初學電機每月賺六百五十美元的夢。暑假過完，湊足了妹妹的結婚費用，我又回到學校作全職學生，專心完成我的學業。我把每月領到的兩百五十元研究助理獎學金，省下五十元寄給父親。當時五十美元可以拿到台北某些銀樓兌換兩千台幣，遠超過父親的薪資，父親在轉過年退了役。一九六八年的暑假前，我在休士頓大學的校園裡認識了袁英，她也是台灣來的留學生，台大文學院畢業，我們在一九六九年結了婚。

我博士班的課在一九七〇年的春天修完，博士論文也已寫好，正在等待我的導師陳之藩教授從英國劍橋大學回來，為我主持論文口試，同時我開始尋找畢業後的出路。那時候美國已經登上月球，政府在縮減太空預算，高科技的工作很不好找。由於早先畢業同學的推薦，一家在佛羅里達州邁阿密（Miami, Florida）的新興數據通信公司，給了我一個工程師的職位。陳教授要我先去工作，等他回美國經過邁阿密，再帶我回學校作畢業論文的口試。那年的五月底袁英辭去了她的工作，和我一起開著我們那輛沒有冷氣的老爺車，穿越了美國南方的六個州，經過三天兩夜，在美國「陣亡將士紀念日」（Memorial Day）假期過後的第二天報到上班，開始了我的工程師生涯，我們家也隨後一步步走出了貧困。

台灣的國際局勢在一九七〇年代初發生了劇烈的變化：一九七一年被迫退出聯合國，原來的席位為中共所取代；一九七二年美國總統尼克森訪問中國大陸，會見了毛澤東和周恩來，發表了不利於台灣的「上海聯合公報」。台灣的前途堪慮。我與父親商量：讓我和袁英把小弟在他小學畢業之前，接來美國和我們同住，由我們負責撫養教育成長，因為小學畢業以後會有兵役問題，再要出國就難了。父親同意了。等到所有的移民手續辦妥後，美國大使館來通知去辦理入境簽證，父親又改變了原意，捨不得小弟離開而放棄。一九七八年卡特總統宣佈與中共建交，終止了與台灣的正式外交關係，廢除了與國府訂定有年的「中美共同防禦條約」，台灣的安全面臨了嚴重的危機。我回去台灣要父親準備移民美國，父親不肯。他說，他打過八二三砲戰，連金門那麼小的地方，共產黨都拿不下來，不相信他們會冒險進犯台灣。就算共產黨真的打過來，他會回到他的老連裡去拿幾枝槍，再到山上打游擊。

家裡經濟情況好轉以後，父親整修了眷村的房子：他請人把房子的屋頂拆掉，在上頭加蓋了二樓，把家裡原先居住的面積擴充了一倍。一九八幾年我大弟結婚，婚後弟媳婦懷了孕，房子不夠住，父親又在我們家附近，緊鄰科學園區的龍山社區，買了一塊地，請建築師設計，在上頭蓋了一棟新房子，全家在一九八〇年代的後期搬去，離開了連銅鑼山共住了近四十年的眷村。

我們在一九八〇年與大陸上的大伯父取得了連繫。大伯父來信說，他在一九五幾年被劃為右派，從青島下放到韓家夼勞改，大媽跟他一起回到鄉下去。現在情況改變了，村子裡對他很好，是村子裡的五保戶；三叔和五叔都還在天津，五叔後來當了工人，是木材廠裡的八級工；四叔和四嬸在上海，文化大革命期間四叔自殺了。我父親在一九八八年，台灣開放到大陸探親以後，回韓家夼去探望我大伯父和我大媽。五叔從天津趕來和他們相聚。

一九八九年的夏天，我父親送我小弟來美國留學，那是他第一次也是唯一的一次到美國來。當時我們已經搬來了加州的矽谷，離舊金山很近。我們陪父親遊覽了舊金山、矽谷和舊金山海灣附近的名勝，去了加州東部山上的太浩湖（Lake Tahoe），以及翻過山到內華達州的賭城雷諾（Reno）。父親對於美國幅員之廣大，山川景色之美，物產之豐富，居住環境之優雅，印象深刻，但是他非常想念他在台灣的兩個小孫子，僅住了一個月就回去了。

自從與大伯父連繫上以後，大伯父每次來信，總是希望我能回去看看他和大媽，當年悲慘的記憶讓我遲遲不願成行。大媽過世後，大伯父來信說，要是我再不回去，恐怕他也看不到我了。一九九四年的秋天，我終於鼓起勇氣，回台灣與父親一起回鄉探親。那時候，大伯父已經獲得平反，回到青島。兩岸還沒有直航，我們在早晨從台北坐飛機去香港，再在香港轉飛機去青島，傍晚才到達了青島，大伯父和珠姊一家來機場接我們。當晚三叔從天津趕來與我們會合，延京叔特別從韓家夼雇車來接我們回老家，也在晚上到達了青島。延京叔是綿林爺離家時還在襁褓中的兒子，綿林爺在年前因心臟病過世。第二天早飯後，大伯父、父親、三叔、延京叔和我連同司機一行六個人，從青島出發，預定當晚在牟平城外養馬島過夜。養馬島因秦始皇曾在島上養馬而得名，是牟平著名的風景區。

車一路往東開，下午在乳山轉上往牟平的公路向北行駛。太陽快要下山了，經過了一個古老的村莊，大伯父告訴我，那就是我們的鄰村「峴上」，我開始緊張。過了河，路左邊出現了一條叉路，路口上有塊石碑，上面寫著「韓家夼」三個字，我感到背上發麻，全身在冒冷汗。我記得過了韓家夼，幾里外就是外婆家下雨村，我隨母親來回走過無數次，但是先前從舅舅那裡得來的消息說，外婆、外公都過世了，小姥姥（外公姨太太）帶著全家去了東北，家裡已經沒有人了。我問延京叔，在去養馬島之前，能不能先彎到我小姨的村莊停一下，我去看看我小姨？延京叔問司機。司機說，可以，因為必須在天黑之前趕到養馬島，我們頂多只能在那裡停留十五分鐘。到了小姨的村莊，打聽到了小姨的住處。分別了四十六年，小姨看到我，總共說了不到三句話，哭了十五分鐘。

養馬島賓館客房的窗外就是海，第二天早晨，我在作業漁船引擎的節拍聲中醒來。早餐後，外頭大霧，為了路上的安全，經理要我們等霧散了再走，我慶幸又多了些額外的時間做心裡的準備。大約十點鐘，天開了，賓館的司機開車把我們送到韓家夼。家鄉秋天的天氣仍然像從前一樣的好，天高氣爽，陽光普照。延京叔、大爺的孫子汶蕃哥和三爺的孫子明蕃哥，一大早就站在村口等候我們。下車後，延京叔帶領我們走去他家。進到院子裡，綿林婆婆、延京嬸和她的三個女兒，從廚房裡走出來迎接我們，她們正在忙碌著準備中午接待我們的豐盛大餐。父親在事先打過招呼，誰也不許提起從前的傷心事，我們要用歡笑來慶祝我們的團聚。

依傳統，遠遊的孩子回到家要先去祭祖。延京叔攜帶了他事先準備好的香、紙和酒，領著我們出了門，往村西頭走。路上跨過一條污水溝，我對延京叔說，我不記得村子裡有這條水溝；延京叔說，這是西北溝，從前就有。噢！這就是西北溝！我記得的西北溝，是一條寧靜清澈的小溪，有夾岸的垂柳，二婆婆曾帶我來這裡採柳枝，做笛子吹。過了西北溝應該是我家的祖墳。顯然祖墳早已被挖光剷平了，上面蓋了房子和修了路，哪裡還有祖先的蹤跡？我們跟著延京叔沿著村南河溝邊的山路往西走，來到了婆婆最後被殺害倒下去的地方。那裡倒是沒有什麼變：河溝對岸的山坡仍然是那個婆婆爬不上去的陡坡；沖醒婆婆的河水照舊在溝底下流著；婆婆最後被殺害倒下去的那塊水邊的沙地也還在原來的地方，當然大水早沖走了婆婆的屍骨，洗刷了上面的血跡。我們走下溝底的那塊沙地上，上香、燒紙、灑酒、叩頭，祈禱婆婆有靈能看到，她的孫子終於在四十七年後，從萬里外回來祭悼她。

延京叔帶我們繼續往西走到一處山崗上，那裡有村子新闢的公墓，大伯母、綿林爺和延桂大伯的骨灰埋葬在那裡。祭拜完畢後，我走到山崗上的高處，望著山腳下的韓家疥，心想：那裡曾經有我先祖建立的家園，世代守著的根，那個我曾祖父引以為榮，期望子孫綿延蕃昌的大家庭，現在只剩下了大爺家的汶蕃哥夫婦倆與三爺家的延梅大媽和單身的明蕃哥，田產早被鬥光了，他們一走就什麼都沒有了。我們家好比我一路走來看到被連根拔起拋棄路邊的蒲公英，我是隨風飄散的一粒種子，在遙遠陌生的地方幸運的落地生根。

至性真情，意到筆隨

〔編後記〕封德屏（文訊雜誌社社長兼總編輯）

去年春天，遠在美國的張系國先生特別推薦，商請《文訊》出版曲潤蕃先生《走出魘夢》一書。非計畫中一般性圖書的出版，並不是我們主要的業務；張先生是舊識，更是我景仰的作家，曲潤蕃是他新竹中學及台大電機系同學，因此勉強答應看完書稿後再做決定。但因編務繁忙，衍生及突發的工作又紛至沓來，讓我無力也不想再增絲毫負擔，我告誡自己築起高牆，只能是曠世鉅著、驚世奇書，此外，關前止步。

一段時日後，在台灣的委託者，也是作者弟弟曲清蕃先生頻頻催促，特地約好時間來訪。為了要有拒絕的理由，我趕緊在週末假日，拿出了書稿，想用最快速度翻看一遍。

才打開書頁，我的視線就膠著了，移動得很慢，字裡行間有一些莫名的東西不斷沁入心裡，非預期地，順服地，我被牽引走進一個不曾有過的「魘夢」。

關於苦難年代的認知，因戰爭、鬥爭，而腥風血雨、顛沛遷徙、骨肉離異，乃至人性泯滅、綱倫失序；透過報導、轉述或親歷，我們並不陌生。對活在承平歲月的多數幸運者來說，就像閱讀生動精彩的小說，觀賞聲光絢懾的電影，最多也只是一掬同情之淚。即便是親歷其境的不幸者，倖存多年後，過去的苦楚辛酸一點一滴豐厚了生命的閱歷，醞釀出醇味，最後轉化為人生難得的養分；自謂「躬逢其盛」也好，「不堪回首」也行，「歷劫歸來」也罷，那段過往曾經，未必都是揮之不去的「魘夢」。

作者曲潤蕃先生不然，或許他的家族親人遭遇太慘，更或許他過於聰慧，記性太好，心又太纖細，自幼就把整個家族的不幸，看在眼裡，記在心裡，鉅細靡遺的烙印在他小小的軀背上，成為「走不出的魘夢」！

不禁感慨，造化弄人，何以厚彼薄此，對某些人輕輕放過，對某些人又糾纏到底？

這是他由童稚成長為青年的自傳。轉眶的眼淚、無聲的嘶喊、極端的恐懼……造就了這本書。只淡淡的文字，不假雕塑，具體而微呈現了景與物、人與事、心與情。只一個真字，無須粉飾，反能感受懇切誠摯，讓眼前的事實代為直率發聲。

動亂的年代，人命如草芥，人生如飄萍，父祖輩、上一代，隨著烽火狼煙流離漂泊，多少人棄親別子，多少人家毀人亡；為什麼給他們的磨難這麼重？這麼深？最終又能向誰去討回公道？

終於了解，為什麼我會不自覺地進入他的「魔夢」，跟著揪心難過，感同身受。不只因為同情心、同理心，更因為我們都在同一個延續的時空大環境中浮游，彼時、此時，原鄉、他鄉，沒有根本上的差異，生存下來，只有大幸、小幸的區別而已。

感謝作者曲潤蕃先生，和著血淚，記下過去這段慘痛哀絕的遭遇；這是屬於他的家族史，但何嘗不是屬於我們這個時代，讓人魂牽夢縈的一首悲歌？

本書終成，走出魘夢。不是曠世鉅著，也非驚世奇書；沒有雄偉架構，缺少曲折情節，不用華麗辭藻……但，至性真情，意到筆隨，已是大家風範；何況，文章華國，不為功名聞達，能感人肺腑，就足以傳世！

國家圖書館出版品預行編目(CIP)資料

走出魘夢 / 曲潤蕃著. -- 初版. -- 臺北市：文訊雜誌社, 2016.01
面； 公分. -- (文訊書系；9)
ISBN 978-986-6102-28-8 (精裝)
1.曲潤蕃 2.回憶錄
785.28 105000618

文訊書系 9
走出魘夢

著者 曲潤蕃
主編 封德屏
責任編輯 杜秀卿
校對 曲潤蕃 杜秀卿 涂千曼
封面設計 翁 翁
內文編排 不倒翁視覺創意

出版者 文訊雜誌社
地址：台北市中山南路11號6樓
電話：02-23433142 傳真：02-23946103
信箱：wenhsun7@ms19.hinet.net
郵撥：12106756 文訊雜誌社

經銷 聯合發行股份有限公司
印製 松霖彩色印刷事業有限公司
出版日期 2016年1月初版
定價 360元
ISBN 978-986-6102-28-8